Hechizos para el
Amor

SILVER RAVENWOLF

Hechizos para el
Amor

Pociones y nociones para el amor

EDICIONES OBELISCO

Si este libro le ha interesado y desea que le mantengamos informado de nuestras publicaciones, escríbanos indicándonos qué temas son de su interés (Astrología, Autoayuda, Ciencias Ocultas, Artes Marciales, Naturismo, Espiritualidad, Tradición...) y gustosamente le complaceremos.

Puede consultar nuestro catálogo en www.edicionesobelisco.com

Colección Magia y Ocultismo
HECHIZOS PARA EL AMOR
Silver RavenWolf

1.ª edición: mayo de 2015

Maquetación: *Montse Martín*
Corrección: *Sara Moreno*
Diseño de cubierta: *Enrique Iborra*
Traducción: *Héctor Ramírez* y *Edgar Rojas*

© 2002, Silver RavenWolf
(Reservados todos los derechos)
Publicado por acuerdo con Llewellyn Publications,
Woodbury, MN 55125, USA www.llewellyn.com
© 2015, Ediciones Obelisco S. L.
(Reservados los derechos para la presente edición)

Edita: Ediciones Obelisco S. L.
Pere IV, 78 (Edif. Pedro IV) 3.ª planta 5.ª puerta
08005 Barcelona-España
Tel. 93 309 85 25 - Fax 93 309 85 23
E-mail: info@edicionesobelisco.com

ISBN: 978-84-16192-67-0
Depósito Legal: B-10.901-2015

Printed in Spain

Impreso en España en los talleres de Novoprint
c/ Energía, 53, St. Andreu de la Barca, 08740 Barcelona

Tu libro de bolsillo para el amor

Tú tienes la capacidad de crear una vida llena de amor. La clave está a tu disposición para reconocer tu poder y conseguir un poco de ayuda del universo.

Junto con el romance, hay toda clase de relaciones amorosas en nuestras vidas que necesitan ser cuidadas, incluyendo las que tenemos con nuestros padres, hermanos, hijos, amigos, maestros y mascotas. *Hechizos para el amor,* de Silver RavenWolf, te muestra cómo trabajar con la energía del amor para manifestar cambios positivos en tu vida.

Este encantador libro de hechizos ofrece encantos, cantos, y toda forma de magia para desterrar la soledad, dar pasión renovada a las relaciones existentes y atraer abundancia de amor. ¡Ya sea que desees conservar, encontrar, o incluso disipar amor, simplemente consulta tu pequeño libro de bolsillo!

Este libro está dedicado a:
A Miele Trayer, mi querido esposo durante veinte años,
y a Ray Malbrough, sin cuya ayuda este trabajo
nunca podría haber sido escrito.

Pregunta: «¿Y qué herramientas trae consigo?».
Respuesta: «Mi propio y verdadero ser».

Introducción

«Todo lo que necesitas es amor...» o algo similar dicen numerosas canciones, poemas, novelas y libros que nos muestran cómo obtenerlo, conservarlo, perderlo y suspirar por él. Con toda esa información flotando a tu alrededor sobre el tema del amor, tú pensarías que la raza humana puede controlar fácilmente este esquivo sentimiento.

Um... en realidad no.

Una simple palabra de cuatro letras, amor, puede lanzarnos hacia las estrellas o sumergirnos en las profundidades de la desesperación. A veces se usa como sustantivo y otras veces como verbo. ¡Ya tenemos problemas! Añade el concepto de emociones y seguramente tendremos una sopa con raros ingredientes. No hay una cura segura para el amor (juro que en ocasiones parece una enfermedad). Desde la pasión pura hasta los juegos psicológicos, el ámbito de experiencias que cada uno de nosotros podemos encontrar en el extático latido del agitado corazón, puede dejarnos tambaleantes durante meses, a veces años, flotando a la deriva en un mar de «lo que podría haber sido», nos deja simplemente sonriendo embebidos en el recuerdo de un momento de éxtasis.

Mick y yo hemos estado casados durante veinte años. Lo mejor y más sorprendente de todo es que todavía estamos juntos y hablamos. Dejando a un lado el matrimonio, hay toda clase de relaciones amorosas, incluyendo aquéllas con los padres, hermanos, hijos, parejas, amigos, maestros y mascotas. El amor es una interminable energía que puede abrazar personas, lugares y cosas. El amor eres tú mismo.

¿Y la magia en este pequeño libro?

Porque… es amor.

1
Instrucciones de uso

Imagíname sentada en un columpio en la terraza, vestida con un traje de verano muy sensual, bebiendo un vaso de té helado y agitando suavemente un bello abanico de marfil. Mientras me inclino hacia adelante para confesarte los secretos de *enchante l'amour*, digo (con un acento espeso como la miel), «El solo hecho de comprar un libro sobre hechizos de amor no va a resolver los asuntos del corazón». Me inclino hacia atrás. «No, no. El amor y la magia requieren esfuerzo. (Di purr). Aquí, amigo mío, están las reglas del juego…».

Magia

- La magia es el arte y la ciencia de materializar el pensamiento a través del uso de nuestra creencia en combinación con la divinidad. Eso significa que podemos usar la deidad que elijamos. Un hechizo es como una receta: no importa la marca de los productos que uses (ni tu creencia religiosa), y puedes sustituir cualquiera de los ingredientes listados.

- Toda la magia positiva está diseñada para crear equilibrio. Si las cosas realmente están mal en tu vida sentimental y escoges usar la magia en tu plan general de cambio, espera que ocurran importantes acontecimientos.
- Ten cuidado con lo que deseas, ¡puede que lo obtengas!
- La magia requiere de tu disposición para cambiar tu estilo de vida, especialmente cuando estamos hablando de magia que involucra al corazón. Esto significa que la magia del amor te obliga a hacer el esfuerzo necesario para realizar cambios dentro de ti mismo, de tal forma que puedas convertirte en una persona más deseable (mejor conocido como una modificación de actitud). El uso de desodorante y una ducha al día también te sería útil.
- Si tu magia falla, no te desanimes, empieza de nuevo y ensaya una nueva táctica. No siempre sabemos lo que es mejor para nosotros, y a veces el Ser Supremo nos detiene y nos indica la dirección correcta para lograr nuestra misión en la vida.
- Nunca uses la magia para jugar con la libre voluntad de otro individuo. Esto significa que no puedes hacer un hechizo sobre Michael o Lori para que se enamoren de ti. El universo tiene una forma de amonestarte si no escuchas este consejo. Ahora, antes que digas «Bien, compraré un libro que me enseñe cómo

forzar a alguien a amarme», piénsalo dos veces. Tengo muchos años de experiencia con la magia, y he visto abracadabras desastrosos producidos por personas que piensan con los pies y no con la cabeza en asuntos de magia. Hazte un favor a ti mismo: sigue las reglas del juego.

- La complejidad de un hechizo tiene menos importancia que la sutileza del procedimiento.
- Tu habilidad hace que la práctica caiga en la categoría de principiante o avanzado. Te conviertes en la magia que practicas, piénsalo.

Amor

Tengo algunas indicaciones generales para ti en lo que se refiere a asuntos del corazón; instrucciones de uso (por así llamarlas) que funcionan bien con las aplicaciones mágicas.

- Uno no puede apropiarse de las personas. No son una propiedad. A veces olvidamos esa pequeña información cuando pasamos por intensas situaciones del corazón.
- Una relación con alguien no es estática. Todas las relaciones cambian mientras maduramos o encontramos nuevas experiencias. Con el tiempo, la energía de una relación se mueve, crece, cambia y a veces muere.
- Somos seres humanos. Aunque busques la perfección, nunca la alcanzarás en el plano terrenal. Los humanos

somos falibles. Esto significa que toda relación en la que te involucres requiere de responsabilidad y esfuerzo para mantener sana su esencia.

- No toda relación que tú experimentes tendrá el compromiso que tú crees necesitar. Aprende a reconocer los matices del comportamiento humano y a respetar los sentimientos de los demás.

- No puedes forzar a otra persona a cambiar sus patrones de comportamiento.

- Igualmente, no puedes forzar a alguien a que le gustes o te ame. Cada persona, ya sea que hablemos de la dinámica de una relación sexual o una amistad comercial, tiene el derecho a la libre voluntad.

- El verdadero amor tiene más definiciones de las que podemos contar. Cada persona procesa su idea del amor en forma diferente. Tú puedes pensar que es luz de luna y rosas, mientras ella piensa que es como las entradas para el partido final de *hockey*. Mi esposo no podía entender que en lugar de la lujosa ropa de alcoba, tarjetas y flores, quería que él me comprara un lavaplatos. Sin embargo, otras mujeres elegirían lo contrario. Afortunadamente, ambos estamos de acuerdo en que el amor es estabilidad –pero hay muchas personas que podrían preferir un estilo de vida más agitado y de mucha libertad, o basar su felicidad mutua en el tamaño de la cuenta bancaria–. Ninguna de estas ideas sobre el amor es errónea, sólo son diferentes.

Hechizos de amor

Cuando aprendí a hacer hechizos, mis maestros me dieron dos consejos muy importantes sobre la magia del amor:

- Es temporal. El amor atraviesa demasiadas fases en una relación para que un hechizo se ajuste a todo o a todos. La magia del amor es el apuntar en la dirección correcta y no está destinada para dominar a otra persona. Considera los hechizos de amor como un combustible, y tal como tú manejes este combustible, así deberás manejar la magia, responsablemente. Si no lo haces, entonces prepárate, porque el trabajo te estallará en la cara. Estas magias están simplemente diseñadas para avivar el fuego de la naturaleza. Tú debes hacer el esfuerzo físico y mental (como en cualquier relación) para alcanzar el éxito final.
- Los buenos hechizos de amor, los que conducen a una relación duradera, tienen un proceso lento. Al igual que un vino fino, la energía debe añejarse un poco, trabajando sutilmente para crear la satisfacción final. Si no tienes paciencia, empieza por trabajar en ese aspecto de tu propio ser antes de ir en busca de tu alma gemela.

Otros conceptos útiles

Quienes ya tienen experiencia practicando con hechizos, o si ya has leído otros libros de la serie *Silver's Spells,* puede que no te sea necesario que leas las cuatro secciones siguientes sobre correspondencias, programación, el círculo mágico y aprender a crear un plan espiritual. No hay problema, puedes pasar por alto esta información. Si ésta es tu primera vez trabajando en el mundo de la magia, o si eres nuevo en saber cómo se manifiestan las aplicaciones mágicas, puede que encuentres las siguientes cuatro secciones de gran utilidad.

Correspondencias

La mayoría de aplicaciones mágicas contienen correspondencias, que son objetos o energías que se relacionan con el foco del asunto. En este libro, nuestro foco es sobre el amor. A lo largo del texto aparecen varias correspondencias para cada hechizo. También presento unas listas en los apéndices para ayudarte en las sustituciones, o (si te sientes capaz) en la creación de tus propios hechizos.

Las correspondencias en este libro incluyen horas planetarias, deidades, hierbas, aceites, astrología básica, ángeles, animales tótems, y alfabetos mágicos, fases de la Luna, colores y elementos. Recuerda, no tienes que usar todas las correspondencias que menciono en un hechizo. Si no te gustan los ángeles, no uses los que están en la lista. Si no te gusta usar energías de plantas, entonces descártalas. Las sustituciones son admisibles. Simplemente he tratado de darte el amplio margen de opciones que han funcionado para mí.

Tiempo adecuado

Muchas hechiceras usan las fases de la Luna en la programación de sus aplicaciones mágicas. Aunque hay ocho fases lunares distintas, trabajaremos principalmente con cinco de ellas:

Luna nueva – Comienzos
Luna llena – Poder
Luna oscura – Destierro
Creciente – Construcción
Menguante – Trabajar de nuevo o reconstruir

¿En cuánto tiempo se manifestará tu hechizo? Tendrás que esperar el tiempo que el hechizo requiera. ¡No te desanimes! Las siguientes son algunas pautas sobre la programación o elección del tiempo adecuado:

- La magia sigue el camino de menor resistencia; por lo tanto, a menos que tengas una razón para guiar la magia a lo largo de un pensamiento, sólo déjala fluir. Cuantos más obstáculos coloques en el proceso de manifestación, más tiempo llevará que las cosas sucedan. Esto no significa que no debas ser específico en tu petición.
- Los objetivos pequeños por lo general se manifiestan más rápido que los grandes. Por ejemplo, un encanto para que una entrevista de trabajo sea positiva, es un proceso inmediato. Trabajar en una completa configu-

ración psicológica que incluya elevar tu espiritualidad personal, puede llevar semanas, meses o años. Normalmente, los objetivos pequeños requieren de uno a treinta días para manifestarse (o un ciclo lunar). Si no resulta, inténtalo de nuevo. Las hechiceras llaman a esta técnica «Luna a Luna», ya que el ciclo de luna llena a luna llena (o nueva a nueva) es de aproximadamente veintiocho días.

- Los objetivos más grandes requieren la creación de tus técnicas mágicas. Puede ser necesario trabajar diversos tipos de magia cada semana para alcanzar el objetivo general.

- Situaciones que tienen dos o tres flancos tienen que separarse, trabajarse independientemente, y luego se debe desarrollar un trabajo para el resultado en general. Por ejemplo, planear una boda lleva varios meses. Tú puedes trabajar la magia en diferentes áreas para asegurar un día feliz, separando el acontecimiento en las siguientes categorías: buscar el vestido, banquete, sacerdote, crear el ambiente, la combinación de colores y arreglos florales apropiados; así como las invitaciones; escoger sabiamente la lista de invitados; trabajar en tu autoestima y meditar durante el estresante período de planificación; eliminar la negatividad; elegir el día y la hora convenientes; etc.

- Los antiguos maestros decían «Haz un hechizo, luego olvídalo». Estos maestros querían decir: «Haz el hechizo y despreocúpate». El alimentar pensamientos negativos en el trabajo de tu hechizo frustrará tu propósito.

Si te preocupas por la manifestación del hechizo, estarás obstaculizando esa manifestación. Crear aplicaciones mágicas es un escenario diferente.

Ten en cuenta que tu sinceridad y necesidades tienen gran importancia cuando haces un hechizo. Si hoy es miércoles, y el hechizo pide que se complete el sábado, pero tú realmente necesitas hacerlo hoy, entonces hazlo hoy. Si el hechizo requiere de un ingrediente que no tienes, no hay problema, sustitúyelo por algún otro ingrediente.

El círculo mágico

Muchas personas que practican el arte del encantamiento prefieren trabajar dentro de un círculo mágico. Me he dado cuenta de que la mayoría de los hechizos populares no mencionan este pequeño beneficio adicional, y al estudiar la historia de la magia he descubierto que nuestros antepasados asumían que el estudiante ya había aprendido a limpiar, cargar y dar poder a objetos, además de crear un círculo, y por consiguiente no colocaban estos pasos a seguir en el texto (lo escrito era sólo para el estudiante, no para el público en general). Ya que la información pasaba de iniciado a no iniciado, se perdió la idea de crear un círculo y las otras cosas que he mencionado se perdieron.

El círculo mágico satisface una variedad de necesidades (aunque he visto desacuerdos entre practicantes sobre el propósito del círculo, pero no vamos a profundizar aquí sobre esto). El consenso general es que el círculo mágico te permite enfocar tus energías en un ambiente purificado, aumentando de este modo el poder de las energías contenidas ahí, y dándote a ti una base sólida en la cual construir tus actividades. Igualmente, se cree que el círculo aleja energías negativas, y sólo permitirá que entre a tu ambiente lo que tú desees. Cuanto más practiques el arte de crear un círculo, mejor te desempeñarás en las acciones, la visualización, y finalmente el surgimiento del poder.

Dicho lo anterior, a continuación presento el texto de la creación de un círculo, escrito por David Norris, y destinado específicamente para hechizos de amor.

Nota: hay una cadencia para algunos estilos de lenguaje que nos ayuda a entrar a ese sitio sagrado en nuestra mente. Encuentra el lenguaje que mejor te parezca. Aquí usamos palabras que evocan el lenguaje que muchos de nosotros identificamos con significados espirituales. A veces estas palabras pueden ser un medio para ayudarnos a entrar en el sitio sagrado que estamos creando. Verás que mientras el círculo se forma, tú darás la vuelta tres veces, por cada una de las primeras tres estrofas. Las palabras son leídas de esa forma para establecer un ritmo de energía. Ese ritmo es intencionalmente cambiado en el momento que tú invoques las energías del Dios y de la Diosa. Dicho cambio de ritmo actúa de la misma forma que un músico sosteniendo una nota antes de iniciar la siguiente sección. El ritmo de proclamación al final establece que el círculo se sella y continúa la vibración del encanto. Amor es energía y vibración. El ritmo que tú creas mientras cantas la formación de este círculo, puede ayudarte a visualizar un círculo brillante de energía vibrante positiva que está realmente «viva».

Te conjuro, círculo encantado,
hilo de luz de estrellas y soles,
te trazo alrededor para que me protejas,
magia eterna ahora iniciada.
Te conjuro por segunda vez,
luz de Luna con un trazo alrededor.
Poder de las mareas y corriente profunda de amor,
te trazo ahora sobre este suelo.
Trazo tres veces este flamante círculo,
fuego del amor protégeme aquí.
Pido afecto sincero para mí,
y por tu luz puedo verlo claro.
Consagra este lugar por el fuego,
conságralo por el flujo del agua,
conságralo por el profundo misterio de la tierra,
conságralo por los vientos que soplan.
En nombre de Él,
quien enciende en sus lomos la chispa sagrada,
en nombre de Ella,
quien porta la semilla mágica dentro de la oscuridad,
en nombre de estos unidos enamorados,

padres de la vida eterna
lanzo este círculo, infinitamente protector,
donde el amor nace con su luz.
Este círculo es ahora sellado tres veces.
Dentro del cual toda verdad será revelada.
Que el amor esté aquí en armonía,
y mantén todo daño lejos de mí.
Y mientras tú quieras, que así sea.
¡Este círculo es cerrado por el poder de tres!

Entona las palabras mientras caminas alrededor de la habitación (o espacio exterior), sosteniendo tu mano dominante extendida hacia abajo, trazando un círculo imaginario con tu dedo a medida que te mueves en el sentido de las manecillas del reloj. Camina por el círculo tres veces (o una, si así fuiste entrenado), luego pisa fuerte para sellar el círculo. Para liberar el círculo, simplemente camina por él tres veces en sentido contrario al de las manecillas del reloj.

Aprender a idear un plan espiritual

Utilizar la magia para solucionar un problema o lograr un objetivo ideal no es la solución ideal para algo. Las personas que practican la magia piensan cuidadosamente antes de escoger una técnica o hechizo mágico. Debes considerar que la magia sea parte de un plan completo de acción. Sí, un hechizo puede elaborarse en pocos minutos, pero sin un plan espiritual sería como tirar copos de nieve a una hoguera. Un plan espiritual completo incluye:

- Pensamiento lógico acerca del objetivo o la situación.
- Crear a tu alrededor un refuerzo positivo.
- Considerar cómo tus acciones, mágicas y normales, afectarán el resultado del objetivo, la situación, a otras personas.
- Reprogramar tu mente para aceptar el éxito a través del pensamiento, palabras y acciones.
- Dentro de lo posible, incluir al Ser Supremo en todo lo que haces.
- Listar las acciones mágicas y mundanas para manifestar tu objetivo.
- Listar todos los actores del drama, y cómo piensas que ellos se relacionan (o no) con la situación presente. Esto es especialmente importante cuando estamos cumpliendo un desafío que requiere magia protectora, como por ejemplo en una situación de amor perdido.

Esto no quiere decir que la magia de último minuto no funcione, puede funcionar, pero, para ser honestos, cuanta más práctica tengas, mejor y más rápido te volverás. Como en cualquier otra cosa, si deseas sobresalir, debes practicar seria y aplicadamente. Advertencia: una actitud de *laisser faire* sólo podría cocerte en ese burbujeante caldero que llamamos amor.

Sé que todo esto parece un poco complicado para ser un simple hechizo, pero si aprendemos a planear sabiamente, tendremos más probabilidades de éxito. Al igual que en los otros libros de la serie Silver's Spells, muchos de los hechizos presentados aquí pueden ser integrados para ayudarte a diseñar un plan espiritual general.

¡Muy bien! Haz el signo del pentagrama de destierro en el aire con cinco firmes chasquidos de dedos para cada punto, más otro para el círculo del rededor. Añade un movimiento de hombro y cadera, y estaremos listos para navegar por los matices del amor. El resto de este libro está dividido en tres partes: obtenerlo, conservarlo y deshacerse de él. Si tú recientemente has tenido una seria ruptura amorosa, te recomiendo leer primero el capítulo «Descartándolo», donde encontrarás ideas de cómo unir las energías de una antigua relación, cómo manejar la pena, y sugerencias generales que te ayudarán a preparar mental y mágicamente el camino para un nuevo amor. Sin embargo, si tu estado de ánimo es excelente, entonces empecemos por ver cómo atraer el amor a tu vida.

Pentagrama del destierro

2
Obtenerlo

Amor es magia, y la magia es amor. ¿Cuál es tu aporte al banquete del amor? ¿Qué tipo de fiesta esperas? ¿Qué es el amor para ti? ¿Cómo reaccionarás al regalo del amor cuando bebas el más poderoso elixir del universo? Debes considerar estas preguntas antes de que lances un hechizo para atraer el amor. El amor no es sólo un concepto, una poción, o un deseo —el amor es una energía eterna—. El amor es un regalo incondicional.

Agua amorosa de cisne

En la mitología céltica, las plumas de cisne se usaban para hacer el manto ceremonial del bardo (tugen), debido a la asociación del ave con el amor y el poder de las palabras y la música. Relacionado con el festival pagano de Samhain, el cisne es también la representación del umbral entre los mundos.[1]

---

1. Carr-Gomm, Philip y Stephanie. *The Druid Animal Oracle: Working with the Sacred Animals of the Druid Tradition.* Nueva York: Simon & Schuster, Inc., 1994, pp. 70-71.

En este hechizo deseamos traer a tu hogar el amor, la gracia y belleza natural del cisne –y esto requiere una limpieza minuciosa de su ambiente–. Lo sé, limpiar es tedioso, pero esta operación mágica no sólo le dará luz verde al amor que te espera, te apuesto que también encontrarás algo que perdiste la semana pasada (o quizá hace un año). Haz una buena limpieza en tus habitaciones, y continúa con un baño o ducha espiritual. Luego mezcla la siguiente poción y colócala en un rociador.

Elementos: ¼ de galón de agua manantial; un tazón vacío de ½ galón; 1 cucharadita de lavanda (amor); 1 cucharadita de angélica (limpieza); 1 hueso de albaricoque (amor); 1 cuchara de madera nueva; 1 colador fino o gasa; 1/8 cucharadita de sal marina; 1 pluma blanca; 1 campana; 1 rociador de agua limpio y vacío.

Nota: En algunas áreas del país es ilegal tener plumas de cisne, así que puedes utilizar cualquier pluma blanca que represente a este animal.

Instrucciones: Vierte agua en el tazón. Agrega lavanda, angélica y el hueso de albaricoque, luego revuelve con la cuchara de madera, pensando en la esencia del amor. Coloca el tazón bajo la luz directa del Sol del este durante una hora. Filtra y desecha los restos de flores y fruta. Añade la sal. Con la pluma, revuelve nueve veces en sentido contrario al de las manecillas del reloj para remover cualquier residuo negativo. Revuelve siete veces en el sentido de las manecillas del reloj. Junta tus manos sobre el agua diciendo:

Angélica para limpiar.
Albaricoque trae amor.
Lavanda para paz.
Sol del este.
Sal para matar a la bestia.
Suplico la bendición del cisne.

Haz sonar la campana cuatro veces para bendecir, luego una vez para sellar el hechizo. Coloca el líquido en tu rociador de agua. Camina por tu casa o apartamento, repitiendo la estrofa anterior en cada habitación.

Cuando hayas terminado, párate en el cuarto central de tu casa y repite la misma estrofa por última vez. Pídele al Ser Supremo que entre a tu hogar, trayendo bendiciones, amor y alegría. Sella tu trabajo trazando una gran cruz de brazos iguales en el aire sobre el piso en el cuarto central. Luego di:

Cruz de lados iguales

Esta casa está sellada.
¡Que así sea!

Cuelga la pluma visiblemente en la casa.

Atrayendo amor

Antes de empezar cualquier acto mágico –ya sea que estemos hablando de trabajar por dinero, protección, salud o amor–, debemos establecer dónde estamos y qué nos gustaría realizar. Hay que relajarse y determinar cuál es el verdadero deseo. Sin un plan, la mayoría de las personas tienden a atorarse en el camino. El amor es una parte tan importante de la existencia humana que no queremos desmotivarnos antes de ponernos en marcha. Ya sea que estemos en busca del verdadero amor o de una amistad especial, utilizaremos este sencillo hechizo para empezar a trazar nuestro camino hacia una relación satisfactoria.

Elementos: 1 rosa blanca; 1 vela color rosa; papel; 1 pluma roja; 1 corazón rosado cortado de cartulina; 1 cinta color rosa.

Instrucciones: Elimina las espinas de la rosa y guárdalas, ya que clavándolas en un limón podrás usarlas para desterrar a un amor indeseado, ahuyentar cualquier energía negativa, o para ayudar a que un amigo se deshaga de alguien que lo molesta. En un lugar tranquilo, a la luz de una luna llena, coloca la rosa al lado de la vela y enciende esta última diciendo:

**El amor llega llamando,
para que mi propio ser sea verdadero.**

Escribe en el papel qué significa el amor para ti. No tienes que crear frases completas ni volcar todo tu romanticismo; la asociación de palabras deberá ser buena y simple, basándose en pensamientos que fluyan fácil y libremente. Tal vez pienses que el amor es una fresca mañana de invierno, cuando el sol danza y deslumbra sobre una guirnalda de estalactitas de hielo. Quizá es mirar fijamente a la luna llena o caminar a través de coloridas hojas otoñales. Piensa en el amor a tu manera, ya sea loca o seductora. Ahora escribe qué tipo de relación deseas. ¿Una amistad? ¿Una asociación? ¿Quieres estabilidad, lealtad, o algo más simple? Busca profundamente dentro de tu ser, sé honesto contigo mismo y tus necesidades. Al finalizar, observa cuidadosamente tu lista. ¿Escribiste algo que es realmente

inalcanzable? ¿Has sido sincero contigo mismo? ¿Has hecho alguna petición que sería irrazonable o controladora? Finalmente, ¿olvidaste algo?

Cuando estés satisfecho con tu lista, copia tus deseos con pluma roja sobre el corazón rosado. Ve a donde puedas ver la luna llena, lleva el corazón, la vela, la cinta y la rosa. La técnica que vas a experimentar es una variación de una práctica de hechicería llamada «atrayendo a la Luna», donde la persona mágica atrae la esencia y el poder de la Diosa a través de la energía simbólica de la Luna. Encuentra una superficie segura para la vela y deja que siga ardiendo. Coloca el corazón debajo de la vela, con la cinta al lado de ésta. Levanta la rosa hacia la Luna con ambas manos. Empieza el proceso con tres respiraciones profundas de limpieza. Di:

**Con esta rosa atraigo a mí
el amor y la alegría que necesito de ti.
La Luna está alta, el poder cerca,
susurra amor/amistad/asociación
(tú eliges) en mi oído.
Cada pétalo brilla con luz encantada**

mientras me transformo esta misma noche.
De flor a tallo, luego a mi corazón,
el amor está alrededor y no se irá.
Con esta rosa atraigo a mí
alegría, paz y armonía.

Respira profundamente para limpiar tu sistema. Baja el brazo y lee en voz alta la lista que preparaste en el corazón rosado. Al terminar, respira profundamente y di:

Como yo lo deseo, así sea.

Toma siete pétalos de rosa y colócalos sobre el corazón (guarda los pétalos restantes para tu altar de amor). Enrolla bien el corazón y los pétalos. Átalo con la cinta rosada. Levanta el corazón hacia la Luna (como lo hiciste con la rosa) y di:

**Mientras la rueda del año gira
atraigo hacia mí los deseos
plasmados sobre este corazón.**

Sella la cinta con cera rosada de la ardiente vela.

Para terminar, coloca el corazón enrollado en un lugar seguro. ¡La magia ha empezado! Deja que la vela se consuma completamente. Si no puedes dejarla prendida, entonces apaga la llama con tus dedos o un apagavelas, (ten cuidado con las quemaduras). Enciéndela la noche siguiente. Prende esta vela todos los días, repitiendo las frases rituales

anteriores, hasta que sólo le quede una pulgada y entiérra-
la en tu propiedad.

El altar o santuario de amor

La mayoría de los practicantes de magia tienen un santuario o altar en casa. Yo tengo dos altares con superficies
planas que son áreas mágicas de trabajo, y un santuario
para los muertos. Los santuarios y altares pueden ser para
trabajos específicos, donde tú sólo haces ciertos tipos de
magia mientras te conectas a ese lugar mágico, y pueden
estar dentro o fuera de tu casa. Las normas de localización
son las que tú escojas. En asuntos del corazón, un altar
tradicional o santuario mágico para el amor podría estar
ubicado en el sur (creatividad y pasión) o en el oeste (transformación y amor). Si buscas estabilidad, puedes escoger el
norte. Finalmente, si deseas una amistad ingeniosa basada
en la inteligencia y la sabiduría, el este sería ideal. (Sí, en
la magia y la Wicca tú puede elegir). Si sigues el feng shui
(arte chino de la localización), tal vez quieras poner tu altar
o santuario en el noreste, la posición de las relaciones.

Ahora que sabes dónde vas a poner tu altar o santuario
de amor, puedes divertirte escogiendo qué objetos coloca-
rás sobre él. ¿Algunas reglas? Sólo dos. Primera, todos los
objetos deben colocarse en el lugar mágico en honor, amor
y armonía. La negatividad no está permitida.

En este libro encontrarás muchas correspondencias, tales como flores, deidades, colores, simbología astrológica,

etc. El aspecto más importante de cualquier lugar o cosa mágica que uses, es que la energía u objeto escogido representa tus objetivos, deseos y personalidad. Si no te gusta el rojo, escoge otro color. No es necesario que termines tu altar o santuario en menos de una hora. Puedes hacerlo en días, semanas o meses; no importa el tiempo que utilices. Puedes cambiar el enfoque, mover o reemplazar objetos. Segunda regla: trata de mantener el lugar sagrado libre de polvo y objetos que no utilices en el altar —no dejes rizadores de pelo mientras te arreglas para salir, ni arrojes cinturones de herramientas en esa dirección mientras te vas a duchar (a menos que realmente estés usando alguno de estos artículos en una aplicación mágica). ¿Crees que bromeo? Conocí a un hombre que como práctica estándar creaba un círculo con un destornillador.

Un altar de amor para un solo individuo puede tener un enfoque diferente que el de una pareja casada. Un altar de amor familiar puede incluir fotos de sus hijos, premios que han ganado, o cosas que ellos hayan hecho.

Los colores que uses en tu altar de amor también son importantes. El rojo es para acción y pasión, azules y púrpuras para compañía espiritual y verdad, los blancos normalmente se asocian con pureza y amor de divinidad, verde para curación y crecimiento, amarillo y dorado para éxito, plata si vas a hacer mucha magia lunar, naranja para movimiento o amor en el trabajo, marrón para amistad, y finalmente rosado para compasión y amor universal.

Cómo bendecir el altar o santuario de amor

Todos los objetos tridimensionales tienen una impresión de energía. Cuando una persona entra a tu casa, no sólo deja huellas dactilares y fibras esparcidas por todas partes, también deja una impresión energética sobre todo lo que toca. Así mismo, cualquier lugar donde haya estado un objeto, ha recibido diversas impresiones de energía. Los objetos son considerados una parte mágica y sagrada de tu ambiente. Además, con el tiempo, estos objetos acumulan poder —el poder que tú les proporcionas—. Cuando empieces a trabajar la magia en tu hogar, es buena idea limpiar y bendecir el altar o santuario. Para llevar a cabo este procedimiento, puedes usar el agua amorosa de cisne mostrada anteriormente en este capítulo, aceite de rosa, o una taza de agua de manantial mezclada con jugo de una lima y un limón frescos. Si tienes su propia receta secreta para agua sagrada, también puedes usarla.

Instrucciones: Arrodíllate frente a la superficie vacía de tu altar o santuario. Piensa cuidadosamente a cuál energía divina llamarás. Si no estás familiarizado con una energía particular de un dios o diosa, estudia esa deidad antes de trabajar con ella. Si esto te pone nervioso, puedes simplemente pedir las bendiciones del Señor y la Señora, un espíritu, un santo, u otra energía divina. De nuevo, la elección es tuya. La gente me acusa de ser ecuménica, y quiero decir que me siento muy orgullosa de ello. Tú no puedes tratar de ayudar a alguien si mantienes la cabeza dentro de una caja o la nariz apuntando al cielo. Ahora di:

**Bendiciones de (nombre de la deidad)
caigan sobre mí ahora.**

Levanta las manos sobre el altar o santuario y di:

**Llamo al norte para traer estabilidad y crecimiento.
Llamo al este para inteligencia y sabiduría.
Llamo al sur para pasión y creatividad.
Llamo al oeste para amor y transformación.
Imbue, Gran Espíritu, la esencia del amor
incondicional en este altar/santuario.
Permíteme producir honestidad, integridad,
paciencia, sinceridad y armonía en todos mis intentos
y aplicaciones mágicas que conduzca.**

Haz el signo de infinito (∞) con el aceite de rosa/agua herbal sobre la superficie del santuario o del altar. Y, finaliza diciendo:

Que así sea.

También puedes dedicar el altar al nombre de un dios o diosa en particular y agregar una estatua que represente a esa deidad en la conclusión de esta sencilla ceremonia. Tú no necesitas rondar las calles en busca de amor para levantar un altar o santuario de amor. Puedes hacer cualquier tipo de operación mágica, incluyendo trabajo para curación, protección de amigos y parientes, aumentar tus talentos y progresar en tu carrera.

Hechizo del colibrí

Siendo de origen haitiano, y aunque también es usado en México, este gran hechizo funciona más rápido que la mayoría.

Elementos: Tu incienso elegido para el amor; la foto de un colibrí (los antiguos hechizos exigían un colibrí real, pero hemos progresado un poco, así lo espero); 1 mechón de tu propio cabello; cinta de celofán; 1 bolsa de franela roja; aceite «ven a mí», de convencimiento, de Venus, o tu aceite, perfume o agua de amor; tierra de tu propiedad; 2 imanes pequeños; 1 trozo de raíz de lirio de Florencia, raíz de ligústico y raíz de *Pulmonaria saccharata*.

Instrucciones: Carga todos los elementos el viernes, el domingo o en una hora de Venus. Prende el incienso, pasando todos los elementos a través del humo fragante. Escribe tu nombre detrás de la foto del colibrí, cantando lo siguiente:

> Creciendo, creciendo,
> el amor ahora fluyendo,
> ven a mí, el anhelo de mi corazón,
> amor y deseo,
> amor y deseo,
> fuego ardiente,
> ¡como yo quiero, que así sea!

Pega el mechón de tu cabello sobre tu nombre. Carga todos los objetos para atraer el amor hacia ti, repitiendo el canto. Frota la bolsa con unas cuantas gotas de aceite. Luego llénala con la foto, la tierra, los imanes y las hierbas. Átala. Sostenla en las manos y repite el canto varias veces. Llévala contigo para atraer el amor a tu vida rápidamente.

Hechizo del amor herbal de Morgana[2]

Muchos de los hechizos en este libro requieren de incienso, y no me gustaría que compraras cualquier baratija. La energía adicional que pongas en la creación de elementos para cualquier hechizo, te dará una mayor posibilidad de éxito.

Con este propósito, he reunido varias recetas de inciensos y polvos mágicos que puedes usar cuando lo creas conveniente.

Elementos: 1 cucharadita de copal molido; 1 cucharadita de lavanda triturada; 1 cucharadita de jazmín triturado o 3 gotas de aceite de jazmín; 3 gotas de aceite de gardenia; un poco de raíz de mandrágora triturada; 1 tela roja o 1 bolsa de muselina.

---

2. Creado por Morgana de Morgana's Chamber, 242 West 10th Street, Nueva York, 10014. Asegúrate de visitar la tienda de Morgana la próxima vez que vayas a Nueva York.

Instrucciones: Coloca los ingredientes en la bolsa, uno cada vez, concentrándote en la intención de atraer el amor. Dale poder a la bolsa y llévala contigo. El mejor momento para realizar este hechizo es durante la luna nueva. Carga la bolsa con poder una vez más en los próximos treinta días, y renuévala cada noventa días. Puedes utilizar este popular canto:

Hierbas frescas, deleite de la naturaleza,
que suelta hojas mágicas.
Hierbas secas, brillante encantamiento,
los pensamientos negativos cesan.
Flores con olor a acre, bienes de la naturaleza,
jardín secreto, bosques de la Madre naturaleza,
giren arriba y lleven a casa
el dulce lenguaje del amor sólo para mí.

Incienso afrodisíaco de Afrodita[3]

El mejor uso de este incienso ocurrirá durante cualquier trabajo mágico que involucre amor o curación, en rituales, o cuando se dan ofrendas al Ser Supremo.

Elementos: 1 cucharadita de sándalo en polvo; ½ cucharadita de canela en polvo; 9 gotas de aceite de ylang ylang; 3 gotas de aceite de neroli; 1 cucharadita de flores de jazmín trituradas.

---

3. Ibíd.

Instrucciones: Usa el conjuro presentado a continuación mientras agregas los ingredientes listados, mezclando después de cada ingrediente que añadas. Da poder. Prende carbón vegetal. Conserva el incienso que quede en una bolsa de plástico sellada o en un tarro bien tapado.

Tiempo ideal para hacerlo: Luna llena.

Conjuro:

> Os conjuro, hojas de oro,
> triplemente para amor, joven y viejo.
> Dirección y pulso, oh, círculo del derredor,
> deja que el amor abunde.
> Dentro de este humo el amor fluirá,
> maravillosa magia florecerá y crecerá.
> Dioses del amor conmigo encontrarán,
> el deseo vibrante y la pasión recibirán.
> Lléname de dulce deseo
> amante con espíritu de fuego.

Mezcla herbal para el amor de lord Byron

Lord Byron expresa el espíritu romántico en su poesía y en su vida personal. Hijo de un capitán inglés de la Marina, con el linaje matriarcal de los anárquicos nobles escoceses, no es asombroso que sus palabras resonaran hasta las profundidades del alma del amante céltico.

Elementos: En esta mezcla usamos 9 hierbas con poder: 7 semillas de naranja secas (Sol); ⅛ de cucharadita de áster (Venus), trébol (Mercurio), uña de caballo (Venus), muérdago (Sol), mostaza (Marte), raíz de lirio de Florencia (Venus), lingústico (Sol), y ruda (Marte).

Instrucciones: Combina todas las hierbas. Muele hasta obtener polvo fino. Prende la mezcla en incienso de carbón para eliminar la negatividad en el hogar, o atraer energías amorosas para los miembros de la familia.

Mientras mezclas este polvo, usa la poesía de Byron como su conjuro herbal, contemplando el arte de una diosa de amor (Venus, Afrodita, Oshun, etc.):

> **Ella camina embelesada, como la noche**
> **de cielos limpios y estrellados;**
> **y en su aspecto y sus ojos,**
> **lo mejor de la oscuridad y la luz se reúnen:**
> **madurando de este modo esa tierna luminosidad**
> **que el cielo niega al vistoso día.**[4]

Esta mezcla herbal se puede usar como incienso (añadida a un trozo de carbón de incienso), o también podrías rellenar saquitos de perfumes o fetiches (muñecas mágicas). La mezcla se puede añadir a la base de una vela, o podrías rociarla sobre los escalones exteriores de la puerta principal de tu casa como un polvo mágico y también colocarla en una bolsa de conjuro.

---

4.   Lord Byron, 1788-1824, «She Walks in Beauty».

Polvo o incienso del deseo

¡Éste es el favorito de mi esposo!

Elementos: Las hierbas del deseo son: aguacate seco, semillas de cardamomo molidas, zanahoria seca, semilla de apio, canela, trébol rojo, damiana, margarita, eneldo, endibia seca, galangal, ginseng, hibisco, hierba de limón, regaliz, menta, olivos secos, perejil, rábano seco, azafrán, sésamo, caña de azúcar, vainilla y violeta.

Instrucciones: Cuando estés listo para mezclar el incienso, combina ¼ de cucharadita de 3 o 7 de las hierbas mencionadas anteriormente. Frota las hierbas repetidamente en las manos, diciendo:

> **La medianoche florece con un abrazo de pasión,**
> **el deseo rodea la inquietud de los amantes.**
> **Pulsando con fuego, los corazones al unísono laten**
> **creando fuerte y satisfactorio deseo.**
> **El encantamiento trae un vibrante placer.**
> **A la unión de nuestros cuerpos, la magia actúa.**

Añade base roja para un polvo mágico. Dale poder en una hora de Marte para atraer a un muchacho, y en una hora de Venus para atraer a una muchacha. Cuando arda en carbón (sin añadir el polvo rojo), repite el conjuro.

Polvo de la hechicera Silver

Esta mezcla herbal requiere una visita a tu florista local. Un polvo de amor multiusos; puedes ponerlo en velas, rociarlo alrededor de ellas, colocarlo en bolsas de conjuro, dejarlo bajo tu escritorio en el trabajo, regarlo bajo la cama, etc.

Elementos: Con el florista consigue cada uno de los siguientes ingredientes: margarita (Venus), narciso (Venus), gardenia (Luna), orquídea (Venus), rosa (Venus); de la tienda de comestibles obtén canela (Sol), clavo (Júpiter), manzanilla (Sol), jengibre (Marte); 1 cereza fresca (Venus); de su clóset mágico, sangre de dragón (Marte); una base en polvo rosada o polvo de bebé; incienso de almizcle.

Instrucciones: Seca las flores y coloca los pétalos en bolsas de plástico separadas y etiquetadas. Cuando estés listo para crear el polvo, repite el siguiente canto mientras combinas los ingredientes (como se indica enseguida):

El poder de la hechicera en la punta de los dedos
el encantamiento plateado fluye de mis labios.
Polvo, mortero, finos granos,
bailan el vals con la mente en armonía.
Dedos ágiles danzando tan rápido,
la poción vertida sobre la cera y pistilo.
Palabras fuertes y verdaderas sellarán la magia.

Combina ⅛ de cucharadita de cada flor, canela, clavo, manzanilla, jengibre y sangre de dragón. Muele bien la mezcla. Añade la base. Muele otra vez. Agrega 3 gotas de jugo de cereza. Mezcla bien. Prende el incienso de almizcle, soplando el humo suavemente sobre la mezcla. Ora y canta por amor. La combinación se puede usar como aditivo para cualquier hechizo o ritual de amor. No es comestible.

Nota: Escribe una petición para amor con jugo de cereza sobre pergamino. Añade raíz de lirio de Florencia para mantener la frescura. Usa echinácea para fortalecer cualquier polvo herbal. Conserva la mezcla en un frasco tapado o en una bolsa de plástico sellada. La combinación dura sólo unas pocas semanas, debido al jugo de cereza.

Polvo de amor portugués

La época victoriana produjo grandes poetas, incluyendo la famosa Elizabeth Barrett Browning (1806-1861). Durante su noviazgo con el popular poeta Robert Browning, Elizabeth escribió más de cuarenta y cuatro sonetos proclamando la apasionada profundidad de su amor. Robert se impresionó tanto, que le suplicó publicara los poemas. Por miedo a represalias, ya que después de todo se trataba de una mujer, juntos inventaron la historia de que Elizabeth encontró la poesía y solamente tradujo el trabajo de portugués a inglés.

Éste es un gran polvo, nombrado en honor de los sonetos, que funciona especialmente bien para asuntos familiares de amor. Mientras combinas los ingredientes, entona el más famoso soneto (43) a los dioses de Elizabeth:

¿Cómo te amo?
Déjame decirte en cuántas formas lo hago.
Te amo hasta la profundidad, altura y medida
que mi alma pueda alcanzar, al sentir sin ver
los fines del Ser y la Gracia ideal.
Te amo hasta la más pequeña necesidad cada día,
bajo el crepúsculo y el Sol. Te amo libremente,
como los hombres que luchan por lo justo;
te amo con pureza,
mientras ellos rechazan la alabanza.
Te amo con la pasión puesta en mis viejas penas,
y con la fe de mi infancia.
Te amo con un amor que parecía perderse
con mis santos perdidos —te amo con la respiración,
sonrisas, y lágrimas, de toda mi vida— y,
si Dios lo decide, te amaré más después de la muerte.[5]

Elementos: Combina $\frac{1}{8}$ de cucharadita de cebada (Venus), albahaca (Marte), chile (Marte), eneldo (Mercurio), jengibre (Marte), mejorana (Mercurio), romero (Sol) y

---

5. Browning, Elisabeth Barrett. *Sonnets from the Portuguese 43: How do I love thee?*

tomillo (Venus); 3 gotas de aceite de vainilla; $1/8$ de cucharadita de lirio de Florencia (raíz); base en polvo verde.[6]

Instrucciones: Muele las hierbas hasta obtener un polvo fino. Añade tres gotas de aceite de vainilla. Muele la mezcla nuevamente. Agrega raíz de lirio de Florencia para mantener el producto fresco. Mezcla con una base de polvo verde. Coloca una pequeña cantidad en un paquete sellado, y ponlo en tu zapato. Rocía la mezcla en los escalones de la puerta principal y de la puerta trasera, o riega un poco de polvo bajo tu cama. Guarda el resto para cargar velas o agregarlo a otros hechizos de amor.

Nota: Estos ingredientes son para un hechizo de amor general. Para una mujer, usa sólo las hierbas de Venus. Para un hombre, usa las hierbas de Marte y el Sol. Si deseas atraer a un amigo(a), usa una hierba para especificar el género (Venus o Marte) y las hierbas de Mercurio.

---

6. Las bases en polvo se pueden obtener en Morgana's Chamber, o a través de Ray Malbrough escribiendo a Candles Etc., P.O. Box 94, Carlisle, PA, 17013-0094.

Aceite para atraer el amor «ven a mí»

Ray Malbrough y mi esposo, Mick Trayer, sugirieron este fantástico aceite casero que realmente funciona. Sin embargo, si tienes sensibilidades puritanas, podrías pasarlo por alto.

Ya que las hierbas frescas pueden dañarse fácilmente en aceite, se recomienda que combines los ingredientes en pequeñas cantidades, para usarlos inmediatamente.

Elementos: Mortero y mano de mortero; 6 rosas; 3 clavos; ¼ de cucharadita de especia de moras; ½-1 onza de aceite de azafrán; 1 frasco; colador o gasa.

Instrucciones: Usando un mortero, tritura los pétalos de una rosa, los clavos y la especia de moras, mezclando suficiente aceite para remojar las hierbas. Mientras lo haces, concéntrate en una luz roja y rosada penetrando el aceite. Canta:

Amor, amor, ven a mí.
Pasión, deseo, infundido será.
¡Pulsando, vibrando, ven a mí!

Deja la mezcla en reposo durante doce horas. Filtra en un frasco. Añade los pétalos de otra rosa y un poco más de aceite. Repite el conjuro. Muele. Espera doce horas y filtra otra vez. Continúa con este proceso cuatro días más.

Nota: Este aceite puede no tener un olor fuerte (diferentes rosas tienen grados distintos de perfume). Puedes agregar una gota de aceite esencial de rosa si sientes la necesidad de un aroma más fuerte, o deja la mezcla en reposo durante tres días más antes de filtrar y añadir una nueva combinación de pétalos de rosa. Después que hayas terminado el aceite, puedes darle más poder, añadiendo otros seis pétalos de rosa y dejando los pétalos en el aceite. No olvides usar este aceite lo más rápido posible.

Aceite de seducción de Ray Malbrough

El aceite puede ser usado por hombres o mujeres.

Elementos: Aceites esenciales de rosa, madreselva y verbena en la siguiente fórmula: 3 partes de aceite de verbena (mayor influencia); 2 partes de aceite de rosa (menor), y 1 parte de aceite de madreselva (esto se añade para tener suerte rápidamente); 1 trozo de raíz de verbena, 1 pedazo de canela y clavo.

Instrucciones: Mezcla los aceites esenciales. Añade la raíz de verbena, la canela y el clavo. Carga para amor.

Aceite de amor de Ina

Durante la depresión en Estados Unidos, el dinero era escaso y las circunstancias difíciles. Un miembro de mi familia del área de Virginia del Oeste hacía saquitos de perfumes y aceites de amor para vender a las mujeres de su pequeño pueblo, por un centavo o dos la botella o el paquete, y así completar su dinero. Llevando un canasto pequeño lleno de flores, cintas y sus pociones, ella visitaba a las señoras del pueblo semanalmente. Su mejor producto era el extracto de vainilla con poder, que vendía como aceite de amor de Ina. Hasta sus últimos días aseguró que la mitad de los matrimonios en el pueblo ocurrieron debido al poder que ella le suministraba a este común ingrediente de panadería.

Colonia para atraer amor

Podemos agradecer a Ray Malbrough, autor de Llewellyn, por este hechizo de tres días. Durante años ha aconsejado a los clientes cómo conseguir amor, cómo conservarlo y cómo deshacerse de él (si es necesario). También funciona óptimamente para propósitos de negocios donde es importante la entrevista inicial, o donde te gustaría que tu propia bondad brillara a través de la máscara protectora que normalmente usas.

Elementos: Tu perfume favorito o loción para después de afeitarse (una colonia de bajo costo funcionará bien si ésta es la primera vez que ensayas este hechizo, y no deseas usar la colonia de cincuenta dólares); 1 tazón; 13 pétalos de rosa; $1/8$ de cucharadita de lirio de Florencia; $1/8$ de cucharadita de ligústico; 1 imán; aceite de jazmín; 1 vela rosada; 1 vela roja.

Instrucciones: Vierte la colonia en el tazón. Agrega las rosas, las hierbas y el imán. Mantén las manos sobre el recipiente, dándole poder al contenido para permitir que brille tu bondad. Frota las velas con aceite de jazmín. Colócalas donde la luz combinada de las velas brille sobre el tazón. En la primera noche, enciende las velas, repitiendo tu deseo. Deja que se consuma una tercera parte de ellas. Apaga las llamas con un apagavelas (algunos practicantes de magia piensan que nunca se debe soplar la llama, pues con esto soplarás tus deseos lejos de ti).

En la segunda noche, enciende de nuevo las velas, repitiendo verbalmente tu deseo para que brille la bondad personal, y deja que las velas se consuman otra tercera parte. La última noche permite que las velas se agoten por completo. Filtra el contenido del tazón (aunque algunos practicantes mágicos continúan dejando las hierbas en infusión, tú decides). Cada vez que apliques la colonia, repite tu deseo. Si has quitado las hierbas, entiérralas en el patio de atrás de tu casa.

El espejo de Hathor

La diosa egipcia Hathor es una deidad solar. Entre sus títulos están reina del cielo, reina de la Tierra, señora del cementerio, diosa de la alegría y madre de la luz. Se dice que alimenta el alma de los difuntos y recién nacidos. Esta *sexy* reina del Nilo (en las más antiguas dinastías) abarcó todo el linaje real egipcio. Es una poderosa diosa que se representa en la mitología medieval como el hada madrina y la madre gansa. Su cumpleaños se celebra el día de Año Nuevo. Los poderes de Hathor no están relegados a la línea divisoria entre los mundos, también es patrona de la belleza y la visión femenina para los negocios.

El espejo de Hathor que usaremos aquí es para conjurar belleza y asegurar nuestra autoestima dándonos fortaleza y gracia. Este hechizo tiene dos partes en su preparación.

Elementos: 1 espejo nuevo; decoraciones para espejo, fíjate en las siguientes ideas; 1 tarjeta de 3 × 5 pulgadas; 1 vela dorada.

Parte I. Compra un espejo nuevo, uno en el que te puedas mirar por la mañana y por la noche. Decora el marco con conchas, cintas, diamantina, etc.

Parte II. Escoge uno de tus poemas favoritos, mantra o afirmación. Escribe estas palabras en una tarjeta de 3 × 5 pulgadas y mantenla junto a tu espejo de Hathor. En el reverso de la tarjeta escribe tres afirmaciones, pueden ser pensamientos positivos acerca de ti mismo u objetivos que pretendas alcanzar.

Instrucciones: Enciende la vela dorada y colócala frente al espejo. Sostén las manos sobre la superficie que refleja, y di:

¡Gran Hathor! ¡Diosa madre!
¡Reina de la luz! Reina de los cielos y la Tierra.
Madre de la alegría. Ayúdame a cambiar,
para enriquecer mi mente, mi espíritu y mi cuerpo.
Donde hay odio, déjame sembrar amor.
Donde hay descontento, déjame sembrar felicidad.
Donde hay oscuridad, luz.
Donde hay discordia, unidad.
Donde hay desesperación, esperanza.

Respira profundamente varias veces, permitiendo que el amor universal fluya a través y alrededor de ti.

Ahora lee tu poema, luego mírate en el espejo y repite tus tres afirmaciones tres veces. Trata de hacer esto todas las mañanas tan pronto como te despiertes (si es que puedes encontrar tu espejo). Termina el día leyendo un nuevo poema, seguido por tus afirmaciones. Si lo deseas, mantén una vela amarilla o una vela de siete días junto al espejo. Préndela durante la devoción y apágala al terminar.

El hechizo para el amor de la vela unida

Este hechizo de amor proviene de Oriana Uleseia, una apreciada integrante del Black Forest y una de las más brillantes chicas que conozco. Ésta es una operación multiusos que se puede usar para atraer el amor hacia ti, y luego, una vez que se tiene, mantenerlo fluyendo en tu dirección. Todo lo que necesitas es cambiar ligeramente las palabras cuando hayas alcanzado ese gran sueño.

Elementos: Masa de galleta o plastilina, (la masa de pan también sirve); lavanda seca; pétalos de rosa secos; 2 velas pequeñas benditas (yo dejo que el Ser Supremo me diga qué colores escoger), una representa a quien lanza el hechizo, y la otra es para el hombre (o la mujer) de tus sueños; 1 pluma; 1 pedazo de papel pergamino; 1 encendedor (el azufre de un fósforo puede afectar las vibraciones positivas para el amor).

Instrucciones: Baja las luces y pon música suave y romántica. Si quien hace el hechizo es una mujer, debe ponerse lápiz labial y algo de perfume. Siéntete bonita (¡tú eres bonita!). Si es hombre, que use su colonia favorita para después de afeitarse, y algo más que a menudo le guste utilizar, por ejemplo una camisa que considere de buen gusto, un collar mágico, etc.

Limpia y junta la masa para eliminar toda negatividad. Amasa hasta que sientas que suficiente energía tuya ha pasado hacia la masa. Haz con ésta un corazón (también puedes usar un cortador de galletas). Presiona la lavanda y los pétalos de rosa en la masa. Coloca la vela que te representa verticalmente en el corazón. Con la pluma, dibuja la runa Laguz (ᛚ) en las dos velas y el papel. Laguz es la runa de flujo, amor, hechicería y facilita los sentimientos mutuos. Enciende la vela que te representa y empieza a mirar fijamente a Laguz. Mientras lo haces, recita en voz alta todas las razones que un amante tendría para estar contigo. ¿Eres honesto, sincero, feliz, fiel, atlético? Sigue adelante y presume de ti mismo. Tómate todo el tiempo que necesites; no te avergüences, éste no es momento para ser humilde, es el momento para mostrar tu carta de presentación.

Cuando te sientas satisfecho de haber listado todos tus atributos, toma la otra vela (que representa a la otra persona) y, mientras la enciendes, mira fijamente a Laguz y recita todas las cosas que deseas en un amante. Sí, puedes ser muy preciso anatómicamente. No te olvides de nada; tómate el tiempo que necesites. Cuando sientas que has descrito a la persona de tus sueños, suavemente une las dos velas de tal manera que se forme una sola llama. Mientras las dos arden juntas, medita cómo será tu vida con esta nueva pareja, todo lo que te vas a divertir, y el amor que compartiréis juntos.

Deja que las velas se consuman y quema el papel que dice Laguz en tu caldero o, en caso necesario, en tu cenicero. Cuando estén apagadas, envuelve las velas en la masa, agrega las cenizas del Laguz, pon todo en una bolsa de plástico y colócala bajo tu almohada durante un ciclo lunar completo. Coge la bolsa y ponla en una maceta con flores o en tu jardín para que crezca el amor.

Sugerencias para estimular tu autoestima

- Cada vez que te mires en un espejo, di tres cosas buenas de ti mismo.

- Cada noche, piensa en algo relevante que hiciste en el día. Echa una moneda en un tarro viejo. Cuando esté lleno, recoge las monedas y dónalas para caridad.
- Cuando hayas realizado algo, comparte el éxito.
- Di algo agradable a un desconocido, y di dos cosas buenas todos los días a alguien que conozcas.
- Cada mañana o noche, enciende una vela para significar la alegría de la vida y la disponibilidad de amor universal.
- Recuerda tus modales, y tus recompensas se duplicarán.

Vara de la amistad

Encontrar nuevos amigos que piensen de forma similar no siempre es fácil. Cada vez que recorras el camino del

sabio, se perderán viejos amigos y relaciones, abriendo el camino a otros más sintonizados espiritualmente con tu destino. A veces la pérdida nos deja a la deriva, preguntándonos si hemos hecho la elección correcta. Esta guirnalda de amistad puede ayudar a abrir los canales para relaciones nuevas y más satisfactorias.

Elementos: Hilo fuerte (25 pulgadas); 1 aguja; flores de tu elección; 13 cintas (tú eliges el color) de 17 pulgadas; 1 vara de 20 pulgadas.

Instrucciones: Ensarta la aguja. Enhebra el hilo con tus flores favoritas. Haz un nudo en ambos extremos del hilo. Envuelve la guirnalda de flores en la vara. Átala con las cintas. En luna llena, apunta la vara de la amistad hacia la Luna, pidiendo bendiciones de la Madre. Podrías usar esta petición:

> **Gran Madre, mi camino me ha guiado**
> **a nuevas esferas de espiritualidad.**
> **Busco relaciones que me muestren**
> **la realización de la vida,**
> **que me permitan ejercitar verdadera armonía**
> **en mi camino espiritual, y me traigan**
> **elocuencia de pensamiento y acción.**
> **Que así sea.**

Coloca la vara de la amistad en tu altar hasta que se manifieste la interacción humana que tú deseas. Éste es un gran hechizo para niños que se han mudado a una nueva área o que cambiarán de escuela.

Nota: La vara de la amistad puede traer nuevas personas y experiencias maravillosas a tu vida. Puedes hacer más de una vara.

Canto de brisas suaves para el amor

Los signos astrológicos de aire, Géminis, Libra y Acuario, funcionan bien con hechizos que incorporan dicho elemento. La energía de Libra es para empezar una situación y traer honestidad y equilibrio, Acuario es para conservar lo que tienes y apoyar ideales humanitarios, y Géminis es para finalizar un proyecto o hacer fluir una situación, además de comunicarse fácilmente con otras personas. Para este hechizo, usa tu guía planetaria o almanaque mágico y determina cuándo está la Luna en uno de estos tres signos.

Elementos: Pedazos de papel; varios papelitos coloreados; 1 marcador negro; 1 bolsa de plástico.

Instrucciones: En un pedazo de papel, escribe todas las cosas satisfactorias en una relación. Define el tipo de relación que estás buscando (amistad, un buen jefe, armonía en el trabajo, una mejor relación con tus hijos o cónyuge o encontrar una nueva persona). Pon cada objeto de tu lista en una tira de papel coloreado. Rompe los papelitos para hacer confeti de colores. Pon el confeti en una bolsa de plástico con tu lista y séllala. En un día de mucho viento, ve a un lugar donde nadie te interrumpa y puedas disfrutar de la brisa. Di el siguiente conjuro mientras lanzas el confeti al viento:

**Espíritus del aire
prestad atención
los llamo aquí.
Llevad mis deseos
y mis besos
en la suave brisa.**

Lanza tres besos al viento, luego pronuncia en voz alta las cosas escritas en tu papel. Luego di:

> **¡Como yo quiero será hecho,**
> **desde las estrellas hasta los cielos,**
> **desde la Tierra hasta el Sol!**
> **¡Que así sea!**

También puedes usar este hechizo para el cumpleaños de uno de tus hijos o un Año Nuevo. Toma un pedazo de papel de cada regalo y haz que los niños lo corten en pedacitos. Mientras lo hacen, diles que piensen en un deseo muy especial. En un día común, lleva a los niños afuera de la casa y desarrolla el hechizo. Si vas a realizarlo en la víspera de Año Nuevo, esparce el papel a medianoche.

Hechizo de la reina del amor

Oshun es una diosa yoruba conocida como la reina del amor. La energía de esta deidad trabajará para ti, siempre y cuando seas honesto en tus intenciones; pero si haces algo taimadamente, espera que la situación sea adversa y los efectos duren mucho tiempo después del primer desengaño.

Elementos: 1 pequeño plato blanco de cerámica; 1 pluma; 4 rodajas de naranja (para hacer que el amor llegue más rápido); 3 gotas de miel (una ofrenda a Oshun); 3 clavos (para que no atraiga a la persona equivocada); ¼ de cucharadita de azúcar morena (para que se endulce y promueva amistad); 1 cucharadita de canela; 7 velas de color amarillo (el dorado y amarillo son los colores de Oshun).

Instrucciones: En la noche de una luna llena, en un viernes de una luna creciente o en la hora de Venus, escribe tu nombre horizontal y verticalmente en el plato blanco —tu nombre se convertirá en una cruz equilibrada de brazos iguales—. Ordena las rodajas de naranja en el plato. En el centro (donde se encuentran los dos nombres y las rodajas de naranja), coloca miel, clavos, azúcar y canela. Sostén el plato bajo la luna llena y di:

> **Oshun entona una *sexy* melodía**
> **ella, quien acuna, ama y canta suavemente.**
> **Trae a mí amorosa energía**
> **bendíceme con la unidad del amor.**
> **Miel, azúcar, dulce brillo de la Luna.**
> **Diosa madre, que amor otorga.**
> **Néctar vital de naranja**
> **cualquier tipo de lucha destierra.**
> **Magia mezclada, crece y florece**
> **toca mi vida, rodea esta habitación.**

Coloca el plato en tu altar de amor. Rodéalo con las velas amarillas. Enciende las velas cada noche durante siete días. Deja el plato en el altar hasta que entre a tu vida el tipo de amor que buscas. Deshazte de la mezcla al aire libre, susurrando el nombre de Oshun, ya que estos artículos ahora le pertenecen a ella. Este hechizo también es bueno para pedir curación de problemas físicos y mentales.

Nota: Oshun ama los regalos de oro, sólo recuerda que ella conserva todo lo que recibe, y es particularmente especial con lo que es suyo.

Hechizo para ver el futuro

Ésta es una antigua técnica de los descendientes de colonizadores alemanes en Pensilvania, con la cual se puede ver el futuro o entender eventos pasados.

Elementos: 1 espejo redondo nuevo (no te mires en él); 1 pluma; 1 pedazo de tela negra lo suficientemente grande para cubrir el espejo; 1 vela blanca.

Instrucciones: Antes de desarrollar este hechizo, debes encontrar un cruce donde los caminos formen entre sí ángulos rectos y asegurarte de que podrás enterrar el espejo ahí. Es posible que te lleve uno o dos días encontrar el lugar apropiado. En la noche de luna llena, a las once en punto, escribe con lápiz en el espejo «todas las cosas serán conocidas en el cielo y la Tierra». Entierra el espejo en el cruce. Después de tres días, a las once en punto de la noche, regresa al lugar y desentierra el espejo. Envuélvelo en una tela negra. No te mires en él. Muéstraselo a un gato o a un perro.[7] Una vez que el animal haya visto su reflejo, podrás volver a usar el espejo. Si el animal rehúsa mirarse en el espejo, rómpelo e inténtalo otra vez. Se cree que los animales pueden sentir las vibraciones de energía positiva y negativa, y por consiguiente nos dan indicaciones sobre personas, situaciones y, como se muestra aquí, herramientas mágicas. Este hechizo no se ha diseñado para causar daño a ningún animal.

Para obtener respuestas a preguntas sobre relaciones, enciende una vela blanca y mira fijamente al espejo. Relájate, si te presionas no verás nada. Deja que tu mente divague. Finalmente, parecerá que el espejo se está nublando, como en un día de niebla. Haz tu pregunta y espera las respuestas. A veces podrás ver objetos físicos o personas en el espejo, en otras ocasiones se manifestarán sólo en tu mente. La experiencia es diferente para cada persona. Guarda el espejo mágico envuelto en la tela negra.

---

7. Hark, Ann. *Hex Marks the Spot*. Philadelphia: J. B. Lippincott Company, 1938. p. 63.

Símbolo de hechicería para el amor y el romance

Este dibujo es el símbolo de hechicería para el amor de los descendientes de colonizadores alemanes de Pensilvania. Es una típica representación del amor al estilo alemán, con corazones rojos y grandes y una roseta multicolor para la suerte, el éxito en el amor y poder sobre el mal. Algunos expertos creen que los triángulos representan los altibajos de la vida matrimonial, pero yo pienso que tienen un significado más profundo, aludiendo a la trinidad femenina. Apuntando hacia afuera, las puntas de estos triángulos sirven como protección irrompible para la feliz unidad que ha sido atraída dentro de ellos. Los colores primarios de este particular símbolo normalmente son el azul para el verdadero amor y protección celestial; el rojo para el romance, la sangre de la vida y el poder; y el amarillo para la fuerza del Sol, la divinidad, la esperanza de concebir hijos y la verdad en todas las cosas. Algunos artistas usan corazones de diferentes colores para expresar bondad además del amor.

Tú puedes hacer una copia del símbolo de este libro, o preferiblemente, dibujar el tuyo propio. Dale poder al símbolo del hechizo con aceite e incienso de amor. Si lo deseas, puedes escribir tu nombre en el centro, o en el reverso de dicho símbolo, con tu petición para encontrar amor. Otro interesante conjuro de amor de los alemanes incluía hacer grandes corazones en papel, rodeados con dibujos en blanco y negro de aves míticas, flores y complejas vainas. La persona escribía su petición de amor en el centro del corazón, y luego colocaba el dibujo dentro de su Biblia.

Red de amor

Este hechizo está diseñado para atrapar patrones de comportamiento negativos que pueden arruinar relaciones.

Elementos: Si tienes un patrón de comportamiento específico que necesitas eliminar, escribe ese mal hábito en un pedazo de papel y enrolla este papel en un pequeño tubo; 1 frasco de conservas vacío; angélica; canela; 1 aceituna; 1 telaraña; cera negra; 1 marcador negro.

Instrucciones: Coloca el papel en el frasco junto con la angélica, la canela y la aceituna. Ahora es el momento de buscar una telaraña. Nosotros hemos aprendido, de la *Encyclopedia of Myths and Secrets,* de Barbara Walker, que la

araña, «arachne», era una forma to-
témica de la hiladora del destino, y
era también conocida como Clo-
to o Atenea. En la mitología hin-
dú, la araña representa a Maya, el
aspecto virginal de la triple diosa,
hiladora de magia, destino y apariencias
terrenales. Si eres un maniático de la limpieza, probablemente tendrás que buscar una
telaraña fuera de tu casa, pero si tienes un sótano, tal vez
podrás encontrar una buena telaraña ahí. No captures a la
araña, ni le hagas daño, las arañas son amigables y buenos
huéspedes. Coloca la telaraña en el frasco (buena suerte,
ésta es la parte más difícil del hechizo).

En la luna oscura, sostén la jarra en una mano. Tiene
que ser un sábado, o a la hora de Saturno. Con la otra
mano, empieza a trazar una espiral en sentido contrario
al de las manecillas del reloj, que empiece en el borde del
recipiente y siga hacia adentro, diciendo en voz baja el siguiente hechizo:

El viento de destierro fluye
suavemente sobre la pradera,
la telaraña tiembla en el alero.
Una Luna de ébano avanza en los oscuros
y brumosos cielos
mientras la magia susurra a través de los árboles.
El verdadero amor de nuestra Señora da poder a estas
hierbas para capturar, cambiar y transmutar.

Con la ayuda de nuestro Señor venceré
esos hábitos que necesito refutar.
La oscura hora de Saturno furtivamente se acerca
disimulando tu sabiduría acerca de mí.
El encantamiento hila un círculo cerrado
y con gracia sé que así sucederá.

Tapa el frasco. Gotea cera negra en el borde de la tapa. Dibuja con el marcador una cruz negra de brazos iguales (página 32) sobre la tapa para sellar el hechizo. Entierra el frasco en un cruce o en un lugar fuera de tu propiedad.

Comunión de amor

En la mayoría de las religiones, la persona creyente debe ofrecer una especie de regalo a los dioses. Ya sea una oración, buenos pensamientos o un objeto físico. En la Wicca, creemos que la ofrenda física es un intercambio de energía entre nosotros mismos y lo divino. También creemos que si tú das amor, recibirás esa misma energía triplicada. El ofrecimiento de amor en este caso no es dinero, por el contrario, es una colección de artículos que corresponden a la energía amorosa (cuando percibas esa energía).

Elementos: 1 pedazo de papel; 1 pluma; 1 plato rojo; 1 copa de vino tinto dulce (se puede sustituir por una bebida no alcohólica, como el jugo de manzana); una selección de naranjas, uvas, albaricoques y manzanas; azúcar blanca (tú escoges la cantidad); 1 vela roja; aceite de rosa, de amor o de pachulí; 1 átame (cuchillo mágico); tela blanca.

Instrucciones: En la noche de un viernes, en la hora de Venus o en luna llena, escribe tu nombre en un pedazo de papel y colócalo en el centro de un plato rojo. Cubre tu nombre con una copa de vino tinto dulce. Rodea el vino con naranjas, uvas, albaricoques y manzanas y rocía el azúcar blanca.

Unta la vela roja con aceite de rosa, tu marca predilecta de aceite de amor o aceite de pachulí (ten cuidado, el aceite de pachulí también es llamado aceite de dos caras, ya que aumenta la oscuridad además de la luz). Coloca la vela y el plato en tu altar de amor (o en el centro de tu comedor o mesa de cocina).

Sostén tu átame (cuchillo mágico) sobre la copa, y di:

De la Luna a la vid,
de la vid a este vino,
bendigo y consagro esta bebida en nombre del amor,
y en respeto a nuestro Señor y nuestra Señora.

Sostén tu átame sobre las frutas y di:

Del Sol al árbol, del árbol a estas frutas,
bendigo y consagro el regalo de nuestra Madre
en nombre del amor, y en respeto
a nuestro Señor y nuestra Señora.

Coloca lentamente el átame en la copa, diciendo:

Como la vara es para el Dios,
y el cáliz para la Diosa,
que los dos se conviertan en uno.
En nombre del Señor y la Señora,
pido que a mi vida entre la armonía y el amor
como se muestra en esta unión mágica.
¡Que así sea!

Limpia la hoja del cuchillo con la tela blanca. Tómate la mitad de la copa de vino.

Deja la ofrenda de amor (vino y frutas) en la mesa durante 72 horas, después quítala y deshazte de ella. Esta ofrenda no se debe comer.

Hechizo de amor del caldero y la vela de Shakespeare

William Shakespeare fue uno de los grandes mágicos exponentes de la literatura que ha conocido la humanidad. Sus sonetos fueron publicados en 1609, pero muchos expertos creen que estos sonetos fueron escritos originalmente en el siglo XVI. Lo más peculiar de los sonetos es que sugieren una historia de principio a fin con tres partes, que suman un total de 154 sonetos. La primera sección parece ser escrita por el autor a un hombre joven con la naturaleza de un Adonis (en otras palabras, un caballerete totalmente *sexy)*. La segunda parte trata de un rival, aunque éste y el mencionado anteriormente parecen ser el mismo. El último grupo de sonetos está escrito para una mujer joven de tez morena y ojos oscuros, y aunque dichos sonetos indican que ella no es poseedora de una gran belleza, desde luego supo cómo incitar el amor del autor. Esto nos enseña que aunque se adorne más un dicho, el significado sigue siendo el mismo.

Mientras desarrollas este hechizo, trata de encontrar la magia diciendo las palabras del soneto 18 de William Shakespeare.

> ¿Te comparo con un día de verano?
> Tú eres más encantador y templado,
> vientos fuertes sacuden los bellos brotes de mayo,
> y la renovación del verano es imperdurable.
> A veces el ojo en el cielo brilla con gran ardor,
> y tu reflejo dorado disminuye.
> Y una vez de cuando en cuando decae,
> por aras del destino o el curso
> cambiante de la naturaleza.
> Pero tu eterno verano no se disipará,
> ni perderá lo que tú posees,
> ni la muerte se jactará de que estés bajo su sombra
> cuando en las eternas líneas del tiempo tú crezcas.

Mientras los hombres puedan respirar,
y los ojos puedan ver
mis sentimientos viven y te dan vida.

Elementos: Incienso en polvo, que se enciende solo, de tu elección (un poco de benjuí ayuda a eliminar obstáculos en tu vida y crea una atmósfera para que entren espíritus superiores tales como ángeles); pétalos de rosa secos y molidos; mortero y mano de mortero; 1 gran caldero metálico; 1 vela roja; 1 herramienta de grabado; aceite de rosa o aceite de amor de tu elección; encendedor para carbón o 1 fósforo largo.

Instrucciones: Mezcla el incienso y los pétalos de rosa con el mortero. En el interior del caldero, alrededor de los bordes, riega la mezcla de incienso. Deja el centro del caldero limpio de incienso.

Sobre la vela roja, graba los signos de Venus (♀) para el amor, Mercurio (☿) para la velocidad y Júpiter (♃) para la expansión. (Una nota de precaución: si tu vida es realmente caótica, no uses Júpiter, ya que esta energía puede expandir las circunstancias negativas que te rodean. Es mejor que hagas un ritual de limpieza completo y uses la energía de Júpiter cuando tu vida mejore gradualmente).

Graba tus iniciales en la vela, abajo de los símbolos.

Unta la vela con aceite de rosa, perfume o una mezcla de aceite de amor.

Coloca la vela en el centro del caldero y sostén las manos sobre éste pidiendo que el Ser Supremo traiga amor verdadero a tu vida. Con un encendedor diseñado para prender parrillas de carbón (o un fósforo largo), lentamente lleva la llama al incienso de autoignición. Cuando empiece a salir humo, mueve las manos sobre el caldero en el sentido de las manecillas del reloj (una pluma también funciona bien). Pronto el humo empezará a girar. Cuando esto suceda, prende la vela y repite el soneto de Shakespeare. Deja que la vela arda completamente, luego deshazte de las cenizas dejadas por la mezcla de incienso lanzándolas al viento mientras pides más bendiciones.

Hechizo de amor de los siete nudos

El símbolo del nudo indica atar o mantener algo estable. La estabilidad en la magia astrológica incluiría los signos fijos de Acuario (aire), Leo (fuego), Tauro (tierra) y Escorpión (agua). Teniendo en cuenta esto, podrías hacer este hechizo cuando la Luna esté en cualquiera de estos signos (revisa tu almanaque planetario o mágico), o podrías definir más detalladamente tu encantamiento considerando la naturaleza del signo. El aire acelera, el fuego abraza, el agua limpia y la tierra arraiga. ¡Llama a los cuatro elementos para asegurar el éxito!

Elementos: 1 cinta roja de 17 pulgadas; aceite de amor o tu perfume favorito.

Instrucciones: Toma la cinta y recita el siguiente hechizo mientras haces cada nudo, empezando en el centro y siguiendo con cada uno de los lados.

> **Con un nudo el amor ha empezado.**
> **Con dos nudos el amor brilla.**
> **Con tres nudos el amor viene a mí.**
> **Con cuatro nudos mi corazón se eleva.**
> **Con cinco nudos la pasión vive.**
> **Con seis nudos el amor es permanente.**
> **Con siete nudos, por sangre y parentesco.**
> **¡Este hechizo es lanzado, el amor llega!**
> **Que así sea.**

Introduce los extremos de la cinta en aceite de amor o en tu perfume favorito. Usa la cinta y renuévela cada treinta días.

Encantamiento de Yemayá

Las velas con figura son precisamente eso, velas en forma de figuras humanas. Por supuesto que no es posible comprar una en la droguería local, pero puedes encontrarlas en tiendas de ocultismo y de la Nueva Era. Escoge una vela masculina o femenina para representar el amor que deseas atraer, y la vela que concuerde con tu género.

Yemayá es la diosa haitiana de la Luna y la noche, adorada como una diosa madre. Su elemento principal yace en el poder del mar y las mareas de los océanos. También es la protectora de madres y niños. Si quisieras hacer ofrendas a Yemayá, sus colores son el azul, el plateado y el blanco.

Otras ofrendas para esta diosa pueden incluir plata, sandías, plumas de pato, y agua coloreada con añil.

Elementos: 1 plato blanco; 1 foto tuya; arena blanca; 2 velas con figura; 6 conchas marinas; pétalos de 12 rosas blancas; gasa blanca; ofrendas escogidas (lee arriba); 1 collar de cuentas blancas (o perlas; serías muy afortunado si tienes una).

Instrucciones: Ubica el plato en tu altar de amor. Coloca tu foto encima. Cúbrela con la arena blanca. Pon las velas sobre la arena. Posiciónalas de tal forma que se miren una a otra. Rodea el plato con las conchas marinas. Cúbrelo con pétalos de seis de las rosas (ten especial cuidado con las otras seis, las usarás después). Considera el tipo de amor que estás buscando: mera compañía, un encuentro apasionado con un desconocido, una persona que no tenga miedo de tener compromisos largos, etc. En la luna nueva, traza tus iniciales en la arena. Cubre las velas con gasa blanca y coloca pétalos de rosa encima. Sostén las manos sobre las velas, diciendo tres veces:

> Yemayá, reina haitiana,
> faldas del océano blanco y azul.
> ¡Levanta tu mano! ¡Intervén!
> Separa las olas para el amor que es verdadero.

Círculos brillantes rodean el corazón
con mareas ardientes de pasión.
Deja que el amor sea un arte
imbuye estas llamas que formo.
Las espirales profundas del remolino
entrelazan el deseo del corazón.
¡Trae amor que mi alma pueda conservar
y sella con perlas de fuego!

Empezando durante la luna nueva, y siguiendo hasta la luna llena, coloca cada día los pétalos de las otras seis rosas alrededor de la base de las velas. En la noche de luna llena, repite el conjuro tres veces, luego levanta el velo de gasa y los pétalos de rosa. Coloca el collar alrededor de las velas. Ubica la ofrenda de amor (plumas, sandías, plata, etc.) cerca de la base de las velas. Prende las velas y déjalas arder completamente. (Si no quieres dañar el collar, puedes colocar el círculo de perlas fuera del alcance de la cera que fluye). Dobla la gasa junto con los pétalos de rosa y colócala en un cajón de tu cómoda. Usa las perlas. Deja la ofrenda en tu altar durante siete días, luego tírala. Cuando llegue tu amor, desmantela el altar. Quema la gasa y los pétalos de rosa, pidiendo armonía continua en tu relación.

Hechizo de la manzana para el amante de ensueño

¡Las fantasías no son malas, y si no tienes a alguien, trata de conjurar un amante de ensueño!

Elementos: 1 manzana roja; 1 palillo; 1 caja de clavos; cinta roja; polvo para sueños (hecho de partes iguales de lavanda, pachulí y una medida de polvo rojo).

Instrucciones: Usando el palillo, haz agujeros en la cáscara de la manzana. Inserta un clavo en cada agujero —cuanto más cerca mejor—. Ata la cinta roja al tallo de la manzana. Espolvoréala con polvo para atraer sueños. Coloca la manzana en un área seca y bien ventilada de tu habitación. Repite el siguiente canto nueve veces antes de dormirte:

> **Conjuro un amante de ensueño esta noche.**
> **Sus besos serán cálidos y dulces.**
> **Sus ojos serán soñadores y su mirada calurosa.**
> **Su tacto será suave y profundo.**
> **Dormiré seguro hasta el inicio del amanecer**
> **cuando el mundo retorne a la luz.**
> **Mi amor me esperará en el reino del ensueño**
> **y él (ella) me encontrará cuando llegue la medianoche.**

Recuerda, éste es sólo un hechizo de fantasía. Un amante de ensueño no es real; sin embargo, a veces cuando estamos en una relación y por algún motivo un enamoramiento nos atrapa, un amante de ensueño puede mitigar dolores de hambre hasta que saquemos la cabeza de las nubes y pongamos los pies sobre la tierra. Con el tiempo puedes estar agradecido de no haber dejado a tu pareja, y darte cuenta que tus sentimientos eran temporales y resultado directo de otros asuntos en tu vida de los que tú no te habías ocupado adecuadamente.

Hechizo ¿estás muy ocupado para amar?

Las obligaciones, prioridades personales, responsabilidades familiares, intereses particulares y otras actividades pueden ocupar tanto tiempo que, cuando el día ha terminado y estás listo para estirar las piernas e irte a dormir, te das cuenta de que otra vez no ha habido tiempo para el amor. A menudo olvidamos que tenemos la libertad de decidir cómo utilizar nuestro tiempo. Ya sea que estemos buscando nuevas amistades o cómo mejorar la comunicación con tu esposo(a), la familia o los hijos, una opción que tenemos es el tomar tiempo necesario para dejar que florezca esta energía amorosa.

Elementos: 5 minutos de tu tiempo cada día; 1 agenda; 1 foto recortada de una revista que represente el tipo de amor que te gustaría atraer; 1 marco para poner el recorte de la revista; aceite de pachulí; 1 vela rosada; 1 pequeño cuadrado de tela blanca.

Instrucciones: Cada noche (durante siete días), utiliza cinco minutos para escribir en tu agenda las diversas tareas que has realizado durante el día y la noche. En el octavo día, coloca la agenda abierta en tu altar de amor. Pon la foto de la revista en el marco y colócala junto a tu agenda. Frota el aceite de pachulí en la vela rosada mientras miras fijamente la foto. Imagina qué estás atrayendo este tipo de amor a tu vida. Considera cómo te sentirías cuando hayas alcanzado tu objetivo. Enciende la vela y di:

Atraigo a mi vida mi visualización de amor.

Coloca las manos sobre la agenda y di:

**Hago espacio en mi vida
para el tipo de amor que deseo.**

Remoja el pequeño cuadrado de tela blanca en el aceite de pachulí. Pon las manos sobre la tela y repite las dos frases mencionadas. Deja que la vela arda hasta que la llama se apague sola. Deja secar la tela y llévala contigo en el bolsillo o la bolsa. Si puedes, conserva las anotaciones de tu agenda. Cada treinta días revisa lo que has hecho. Considera cómo manejarías mejor tu tiempo. Toma decisiones firmes para eliminar esas tareas de tu vida que no sean muy importantes.

Hechizo de carácter

Hazte esta pregunta: ¿está tu percepción del amor afectada de tal forma que piensas que debes evitar el tema com-

pletamente? Cuando recibimos el entrenamiento mágico, nos enseñan que para crear cambios, debemos empezar primero con nosotros mismos –lo cual incluye alterar
nuestras percepciones de la vida y reacciones a los eventos que ocurren a nuestro alrededor–. La magia también
requiere que acoplemos nuestros valores interiores con la
realidad, lo cual puede en ocasiones ser la tarea más difícil
que asumimos inicialmente.

Elementos: 13 pedazos de papel de china, cortados en
cuadrados de 3 × 3 pulgadas; 1 pluma; el aceite de amor
que tú elijas.

Instrucciones: Con la pluma, escribe cada una de las siguientes palabras en el centro de cada pedazo de papel de
china. Las trece palabras son: amor, honor, servicio, valor,
compasión, éxito, paciencia, integridad, humildad, justicia,
autoconfianza, sabiduría y alegría. Pon un poco de aceite
de amor en las cuatro esquinas de cada pedazo de papel,
invitando a tu vida la energía nombrada. Pide que tus
valores interiores y tu percepción externa de la realidad
se acoplen armoniosamente. Haz pequeños rollos con los
pedazos de papel, o dóblalos formando pequeños cuadrados. Colócalos bajo tu almohada, pidiendo al guardián de
los sueños que te ayude a absorber estas energías dentro
de tu vida mientras duermes. Recuerda, para traer a nuestras vidas algo diferente, debemos superar el desafío de ver
y creer en forma diferente.

Círculo de belleza

Algunos practicantes de magia llamarían altar de belleza a este espacio de la casa o el apartamento, pues aquí es donde tú mantienes la selección personal de perfumes, lociones, cosméticos, joyas, colonias –cualquier artículo necesario para mejorar tu persona física–. ¡No hay razón para que no puedas convertir esta área en un lugar mágico! En el centro de mi altar de autoestima tengo un pequeño círculo de piedras, flanqueado por velas pilares que miden dos pies. Antes de usar cualquier joya, loción o perfume, coloco el objeto dentro del círculo mágico para eliminar cualquier energía negativa que posea. Puedo bendecir el artículo con aceite o incienso, dependiendo del tipo de actividades que haga en mi trabajo diario. A veces dejo los artículos en el círculo de piedras durante la noche para brindarles poder adicional. Si tú estás trabajando en tu belleza interior o exterior, puedes hacer un círculo de jade dentro del círculo de piedras. Si estoy tratando de integrar algo importante a mi vida (paciencia, sabiduría, compasión, etc.), escribo afirmaciones positivas en tarjetas de 3 × 5 pulgadas y las pego alrededor del espejo que está detrás de mi altar. Cada mañana y noche repito estas afirmaciones mientras me miro en el espejo. Si admiras las cualidades de una persona específica, entonces puedes poner su foto en el altar de autoestima. Esto no quiere decir que vayas a adorar a esa persona, lo que lograrás será tratar de obtener el tipo de energía que esa persona emite. La clave para tu altar de autoestima es que mantengas el área limpia y que elimines cualquier producto viejo que ya no uses.

¿Quieres ser sexy?

Aprende a escuchar. Eso es todo. ¡Ése es el hechizo!

Hechizo de amor básico de los siete días

Los baños espirituales son comunes en aplicaciones mágicas sureñas, especialmente en el área de Nueva Orleáns. Muchos practicantes de esa región creen que la magia no se puede desarrollar si el cuerpo no está correctamente preparado a través de la purificación física y mental. En este procedimiento incorporamos el baño espiritual además del conocido hechizo de los siete días.

Elementos: 1 filtro de café; ligústico, raíz de lirio de Florencia y canela molidos (usa tu intuición como guía para escoger la cantidad adecuada); 1 cucharadita de miel; 1 grapadora; 1 herramienta de grabado; 2 velas rosadas; jugo de limón; 1 vela blanca; tizne de salvia o benjuí; aceite de tu elección para atraer al amor.

Instrucciones: Este hechizo empieza con un baño espiritual, el cual contiene un filtro de amor, en una noche de viernes (día de Venus). Muele el ligústico, la raíz de lirio de Florencia y la canela y colócalos en un filtro de café. Echa gotas de miel sobre las hierbas. Grapa el filtro. Enciende la vela rosada, pon el filtro en la tina de agua caliente, luego relájate y toma un buen baño. Enjuaga con agua y un poco de jugo de limón (para eliminar cualquier negatividad del cuerpo). Tíznate con humo de salvia o benjuí como limpieza adicional después de salir de la bañera.

En tu altar de amor, coloca dos velas rosadas separadas siete pulgadas. Pon una tercera vela blanca en medio de las otras dos. En este encanto usamos las velas rosadas para iniciar una relación amorosa, una amistad o un buen acuerdo (usa velas rojas sólo si deseas sexo lujurioso sin compromiso). Inscribe tu nombre sobre una vela rosada. En la otra vela rosada escribe «la persona correcta para mí». La vela blanca es para asegurar que el Ser Supremo observa tu hechizo y dirige hacia ti a la persona apropiada. Puedes escribir el nombre de un dios o diosa sobre la vela blanca. Frota las tres velas con aceite de amor o cualquier aceite de tu elección. Para este propósito también puedes usar la colonia para el amor de la página 52.

Cada día, durante una semana, enciende las tres velas, pidiéndole al Ser Supremo que traiga amor a tu vida. Deja que las velas ardan durante siete minutos, luego mueve las velas rosadas acercándolas 1 pulgada una a la otra. El último día, las tres velas deben estar muy cerca la una de la otra. Si decides poner las velas en contacto sé cuidadoso, pues esto podría crear un incendio; es mejor que las apartes un poco por seguridad.

El séptimo día, deja que las velas se consuman completamente. Toma los restos de las velas (no te preocupes si no hay restos) y envuélvelos en tela rosada. Coloca los restos ya fríos bajo tu cama. Cuando aparezca tu amante, entiérralos en el patio de atrás de tu casa. Continúa tomando el baño de amor cada viernes hasta que esa persona le manifieste su amor.

Olla del espíritu de Venus

Este hechizo es un poco más complicado que los demás, pero para todos aquellos que realmente desean obtener la maravillosa esencia del amor, éste es el hechizo para ellos.

Elementos: 1 estatua o pintura de Venus; 1 olla decorativa con tapa, del tamaño que tú escojas; el símbolo astrológico de Venus (♀) dibujado en pergamino blanco; pétalos de 21 (sí, 21) flores diferentes; 1 cucharada de verbena; 1 cucharadita de laurel molido; 1 cucharadita de tierra de los límites de entrada y salida de tu ciudad; 1 trozo de cuarzo rosado; 1 trozo de amatista; tu incienso de amor favorito; 13 velas rosadas frotadas con tu aceite atrayente de amor preferido o la colonia para atraer amor de la página 52; 1 vara de tu altura, decorada con 7 cintas de color (los colores del arco iris) y 7 campanas; 1 vaso con agua; 1 naranja.

Instrucciones: Coloca la estatua o pintura de Venus en tu altar. Un viernes en la noche (día de Venus), a la hora de

Venus (si puedes), reza sobre todos los elementos del hechizo, limpiando y consagrando. Pídele a nuestra señora Venus que te ayude en tu ritual. Haz un círculo mágico y llama a los cuatro puntos cardinales, pidiendo las bendiciones del amor. Pon el signo de Venus en el fondo de la olla y llénala en el siguiente orden, pidiendo bendiciones cada vez que colocas un elemento dentro de ésta: los pétalos de rosa, verbena, laurel, tierra de los límites de la ciudad donde vives, cuarzo rosado y amatista. Deja la olla abierta. Prende tu incienso de amor. Traza el símbolo de Venus sobre el piso, en el centro del círculo. Rodéalo con las trece velas rosadas. Enciéndalas, y añade más incienso si es necesario.

Con la vara decorada golpea el piso siete veces, pidiéndole a Venus que te traiga al espíritu que te ayudará a atraer el amor hacia ti. Camina alrededor de la olla siete veces en el sentido de las manecillas del reloj, golpeando la olla repetidamente con la vara, mientras cantas, rezas y hablas con Venus, pidiendo ayuda en el amor. Advertencia: no pongas ira ni frustración en el hechizo, pues eso será exactamente lo que crearás. Coloca la tapa sobre la olla y séllala con cera rosada de una de las velas.

Apaga las velas con un despabilador. Pon la olla sobre el altar. Guarda las velas. Da las gracias a Venus, libera los puntos cardinales y luego el círculo. No toques la olla durante los próximos siete días. El viernes siguiente, lanza tu círculo de nuevo, llama a los puntos cardinales y recurre a la presencia de Venus. Traza el signo esta vez en el centro del círculo. Como antes, pon el incienso encendido y las velas alrededor de la olla de Venus en el centro del círculo. Prende las velas. Llamando a Venus, cantando, orando y golpeando la olla repetidamente con la vara decorada, camina por el círculo siete veces, una vez más, en el sentido de las manecillas del reloj.

A continuación, sigue la parte delicada. Abre la olla. Formule específicamente tu deseo. Por ejemplo:

**Espíritu de amor, en nombre de Venus
te pido que busques a la persona
apropiada para mí en el universo y,
si el tiempo es adecuado, la traigas a mí.
Dame una señal para así reconocer,
cuando encuentre a esta persona.
La señal será: *(formula la señal).*
Si el tiempo no es adecuado,
señala para mí las acciones positivas
que debo llevar a cabo y así prepararme.
Al volver, el agua y la naranja
te serán entregados como mi ofrenda.
¡Tienes siete días para completar esta tarea!
¡Que así sea!**

Traslada la olla y las velas a tu altar de amor. Da las gracias a Venus, libera los cuatro puntos cardinales y luego el círculo mágico. Deja la olla destapada siete días. El viernes siguiente, lanza un círculo mágico, evoca a los cuatro puntos cardinales y pide ayuda a Venus. Coloca la olla abierta en el centro del círculo con el vaso de agua y la naranja. Rodéala con las velas rosadas. Enciende las velas y el incienso. Llama al espíritu del amor a que regrese a la olla, golpeándola una vez con la vara decorada. Pon la tapa. Coloca la olla sobre el altar con el agua fresca y la naranja.

Si en siete días no has descubierto amor, observa cuidadosamente la información que has recibido durante estas tres semanas acerca de cómo podrías mejorar tú como persona y comienza a poner en práctica esta información. Envía entonces de nuevo a tu espíritu de amor para recuperar a tu ser amado. Si un nuevo amor no ha entrado a tu vida en sesenta días, repite todo el proceso completo.

Una vez que hayas recibido tu regalo de amor, es absolutamente necesario que viertas agua consagrada en la olla, y después elimines el contenido. Entierra estos elementos fuera de tu propiedad, rompe la olla, y envía energía amorosa a la diosa Venus. Si no haces esto, el espíritu de amor se aburrirá y traerá más daño que bien a tu vida. (¡Hey, te dije que éste era un hechizo de cuidado!).

Hechizo para atraer a una mascota

Visita la sección de animales domésticos en una tienda o un establecimiento diseñado específicamente para amantes de mascotas. Si sabes la especie de animal que te gustaría tener, pasa un poco de tiempo en esa área. Piensa en la personalidad del tipo de mascota que desearías adquirir. Considera la cantidad de tu espacio personal, cuánto tiempo tienes para dedicarle a una mascota, y qué tipo de relación le gustaría tener con el animal. ¿Tienes otras mascotas? ¿Cómo encajarían sus personalidades con el nuevo residente?

Elementos: Compra un pequeño juguete que tu nueva mascota pueda usar; 1 libro acerca del cuidado del animal; 1 lata de alimento para ese animal; cartulina blanca; marcadores, lápices o marcadores de color; 1 vela blanca.

Instrucciones: En casa, lee todo el libro sobre el cuidado de mascotas. Debes hacer esto primero para que el hechizo funcione. Incluso si ya has tenido un animal y estás seguro de saber todo acerca de esa especie, siempre hay algo nuevo que aprender. Después que hayas leído el libro, corta un pedazo de cartulina blanca para envolver la lata de alimento. Con marcadores de color, lápices o plumas, escribe sobre el papel las cosas que consideraste sobre el animal. ¿Será un animal grande? ¿Estás seguro de que tienes espacio suficiente para este animal? ¿Prefieres un macho o una hembra (te importa eso)? ¿Cuánto tiempo estará solo el animal? Si esto es demasiado, piensa bien la posibilidad de traer a tu vida una mascota. Los animales son criaturas que merecen cuidado y atención; en realidad son como un ser humano. ¿Tienes el dinero suficiente para mantener un animal doméstico? Piénsalo bien, por favor. La persona a cargo de un albergue me dijo una vez que cuando la gente pasa por tiempos difíciles, a menudo tienen que deshacerse de sus mascotas porque no pueden solventar los gastos de su cuidado. Si lo has pensado cuidadosamente, consideras que puedes satisfacer las necesidades de tu nuevo amigo, procede con el hechizo.

Pega la cartulina en la lata de alimento para el animal. Coloca el juguete encima. Pon sus manos sobre éstos y di:

Madre del bosque, padre de la cañada,
enviadme un ser amado, un hermoso animal amigo.
Prometo cuidarlo,
hacer mías sus necesidades.
Prometo ser responsable,
para proveer un hogar especial.
Madre del bosque, padre de la cañada,
por favor, enviadme un ser amado,
un hermoso animal amigo.
Que así sea.

Coloca el juguete y el alimento junto a la puerta principal de tu casa. Deja eso ahí hasta que tu mascota encuentre el camino que lo dirigirá a tu casa. Esto no quiere decir que el animal correrá directo a tu vivienda –tú debes salir a buscarlo–. Dale al hechizo al menos siete días para que surta efecto. En el séptimo día, si no has encontrado al animal que buscas (o si has decidido esperar), enciende una vela blanca en tu altar de amor y repite el procedimiento mientras sostienes en las manos la lata de alimento y el juguete. Deja que la vela se consuma completamente.

Una vez que el nuevo residente esté acomodado en tu casa, ve otra vez a la tienda de mascotas. Después de que encuentres suficientes golosinas para tu mascota, compre diez latas más de alimento además de las requeridas para tu amigo. Como una ofrenda a la Diosa, déjalas en el albergue de tu localidad cuando vayas camino a casa.

Hechizo para obtener el trabajo que deseas

¿Te gusta tu carrera? Si no estás satisfecho con tu trabajo diario, te será difícil ser amoroso al llegar a casa.

Elementos: Frota 1 vela verde de siete días con 3 gotas de tu aceite del éxito preferido; 1 tazón (hecho de madera u otro material natural –no de metal–); menta verde; romaza amarilla; quinquefolio; 4 nueces de la India molidas; 1 haba tonca; 7 cabezuelas de trigo (puedes obtenerlas en una tienda de manualidades); 1 billete de diez dólares enrollado; base en polvo verde; tu incienso preferido; imán (opcional).

Instrucciones: Toma un baño espiritual. Consagra todos los elementos del hechizo en nombre de una deidad y formula tu propósito. Empieza en una luna nueva, lo más cerca posible al domingo (éxito) o viernes (beneficios). Enciende la vela. Pídele al Espíritu (o tu arquetipo preferido) que traiga a tu vida un cambio positivo de carrera. En el tazón, añade las hierbas, las nueces de la India, el haba tonca y las cabezuelas de trigo, seguidos por el billete de diez dólares enrollado. Rocía con una base de polvo verde (también puedes usar incienso verde, aunque si lo usas no podrás prenderlo). Prende el incienso en un contenedor aparte (no el incienso que pusiste en el tazón). Con tu respiración, sopla el fragante humo sobre el tazón, concentrándote en un cambio positivo en tu carrera. Sopla el humo sobre el imán. Llévalo en tu bolsillo o bolsa para que atraiga tu nueva vocación. Deja que la vela arda completamente. Si no has tenido un cambio positivo en treinta días, repite el hechizo.

Agua de amor de mayo

Úsala como un purificador de habitaciones, para frotar en velas, o para rociar en sobrecitos de amor, fetiches, o hechizos con nudos.

Elementos: 1 cristal de cuarzo con poder para el amor; agua recolectada en el mes de mayo; ¼ de cucharadita de diamantina plateada; 1 frasco limpio con tapa.

Instrucciones: Combina los ingredientes en el frasco. Dale poder al agua bajo luz de luna llena de mayo (preferiblemente el 1 de mayo).

Fetiche de amor personal

En mi investigación de los hechizos populares he descubierto que casi todo se puede usar como fetiche. He visto cebollas, patatas, zanahorias, muñecas cosidas a mano y creaciones de alambre, madera y piedra. En este hechizo, usaremos fieltro blanco para hacer la muñeca, pero tú puedes utilizar cualquiera de las otras opciones mencionadas.

Elementos: Fieltro blanco; hilo rosado; algodón; mezclas herbales de tu elección; 1 foto pequeña tuya; 1 vela blanca frotada con aceite o colonia de amor; 1 campana de plata.

Instrucciones: En una luna nueva, haz la muñeca con tus propias manos, usando hilo rosado y fieltro blanco. Rellena con algodón bendecido y cualquiera de las mezclas herbales dadas en este capítulo. Añade una foto pequeña tuya. Cose la muñeca. En tu altar de amor, dibuja el símbolo astrológico de Venus (♀) con el mismo tipo de mezcla herbal. Coloca el fetiche sobre el signo.

Enciende la vela blanca revestida con aceite o colonia de amor. Toca la campana de plata tres veces sobre el fetiche, luego entona la siguiente oración tres veces:

Te suplico, Venus,
diosa del amor, crecimiento y belleza,
que traigas orden a mi vida.
Bendíceme con amor, experiencias sensuales,
y confianza en mí mismo.

**Madre Venus, protege el jardín
y las viñas de mi corazón.**[8]

Coloca el fetiche bajo tu cama.

Sales magnéticas de amor para el baño

¿Quién puede saber más sobre los matices del amor que una persona que ha escrito veintiocho novelas sobre el tema? Gracias a Maggie Shayne, autora de *Eternity, Infinity,* y el recientemente publicado *Destiny* (todos estos libros de Berkley), he aquí una receta especial para atraer el amor de tus sueños.

Elementos: 3 tazas de sal de Epsom; 2 tazas de bicarbonato de sodio; 1 taza de sal de cocina; 10 gotas de aceite de vainilla; 10 gotas de aceite de geranio; 3 gotas de aceite de lavanda (para atraer a un hombre), o 3 gotas de aceite de pachulí (para atraer a una mujer); 2 gotas de aceite de trébol; 20 gotas de colorante vegetal rojo; 1 puñado de pétalos de rosa secos, rojos o rosados; 1 frasco de vidrio con tapa.

Tiempo indicado: Haz la mezcla un viernes, durante una luna nueva o en su primer cuarto (si la Luna está en Libra, es un punto favorable adicional).

---

8. La Venus romana se asocia con la sabina Vacuna, la etrusca Turan, y la griega Afrodita. Su día es el 23 de abril.

Instrucciones: Empieza con las sales de baño básicas de Scott Cunnigham, mezclando los primeros tres ingredientes listados. Viértelas en un tazón grande de barro y mezcla bien. Usa tus manos; debes estar personalmente involucrado y tener intimidad con tu creación.

Agrega aceite de geranio (para el amor), diciendo:

**¡Hombre/mujer de mis sueños,
ven a mí y trae verdadero amor!**

Mezcla de nuevo. Agrega aceite de vainilla (para la pasión), diciendo:

¡Ven a mí y trae tu pasión!

Mezcla otra vez. Agrega aceite de lavanda (para atraer a un hombre), o aceite de pachulí (para atraer a una mujer), diciendo:

¡Como un imán, atraigo amor!

Mezcla de nuevo. Agrega aceite de trébol, diciendo:

¡Amor verdadero y duradero, empieza ya!

Puedes cambiar este encantamiento, usa menos vainilla y más rosa para un amor más dulce y calmado, o invierte las

proporciones para un amor apasionado. Sin embargo, no agregues más
lavanda/pachulí y clavo, pues
sus aromas prevalecerán sobre
los otros, y hay un simbolismo
en el número de gotas escogidas.
Mientras mezclas con las manos
después de añadir cada ingrediente, asegúrate de cargar las
sales con el propósito mágico. Agrega la vainilla y mezcla
con pensamientos de sexo intenso y perdurable pasión.
Después de añadir aceite de geranio, mezcla con pensamientos de amor profundo, duradero y verdadero. Con el
pachulí o la lavanda, visualiza el tipo de persona que quieres, pero no a alguien en particular. Con el aceite de trébol, visualiza fidelidad –un amor verdadero y permanente–. Visualiza y transmite esa energía a las sales. Mezcla
bien, apretando la mezcla repetidamente con las manos
hasta que los aceites estén completamente distribuidos.

Después, agrega 20 gotas de colorante vegetal rojo. Puedes añadir algunas gotas más para obtener un color oscuro
(un amor más apasionado), o reducir la cantidad para un
color claro (un amor más romántico). Otra vez, mezcla con
las manos. Podrías revolver la mezcla primero con una
cuchara de madera para evitar poner las manos directamente en el tinte, pero una vez que hagas esto, usa nuevamente las manos. Ésta es la clave –utilizar las manos,
sintiendo la textura mientras los granos de sales mezcladas
fluyen a través de tus dedos–. Es una experiencia sensual.
Esta especie de amasado manual es necesario para distri-

buir los aceites y el colorante uniformemente, pero es aún más importante para darles poder a las sales.

Finalmente, agrega pétalos de rosa secos a la mezcla si lo deseas. Estos flotarán en el agua de baño, un sutil recordatorio del propósito detrás de la creación de estas sales. De nuevo, escoge el color de acuerdo a tus necesidades: rojo subido, rosado intenso, rosado claro. Mezcla los pétalos de rosa en las sales con las manos. Visualiza el amor de tu vida flotando en algún lugar del mundo, esperando encontrarse contigo, mientras los pétalos flotan en el agua. Vierte las sales en un frasco de vidrio, y tapa herméticamente. (Frascos de conservas y frascos para jaleas sirven muy bien para este propósito).

Para usar: Agrega media taza de estas sales a tu tina y toma un baño cuando quieras atraer amor a tu vida.

Mientras agregas las sales, podrías recitar un pequeño encanto para reforzar tu propósito:

Amante perfecto, ven a mí,
trae pasión, amor y fidelidad.
Ofréceme un corazón verdadero,
y yo te ofreceré el mío.
Que así sea.

Báñate a la luz de una vela. Sécate a palmaditas con una toalla.

Todo lo que necesitas es amor

Si te sientes mal contigo mismo y sólo quieres un poco de amor, o deseas experimentar el sentimiento de estar enamorado, este hechizo es para ti. Escrito por SilverStar, una estrella del *rock* de Ohio, la forma *sexy* de este hechizo te ayudará a no sabotear el amor que tú ya posees o los nuevos amores que rechazas. Es un hechizo que funciona para mantener vivo el amor que ya tienes o tus nuevos avances. Debes recordar que mereces amor. Éste es uno de esos hechizos que cruzan la línea entre «obtenerlo» y «conservarlo», y se puede usar para ambos propósitos.

Elementos: 1 vela rosada, 1 espejo; 1 cuchillo mágico o 1 alfiler; 1 frasco de aceite aromatizado de vainilla, aceite de amor, colonia de amor, o aceite para bendecir (las correspondencias de la vainilla incluyen Venus, el elemento agua, y las energías de amor, pasión y poder mental); un puñado de alquimila molida (perfecta para hechizos de amor: femenina, Venus, elemento agua); 1 candelero especial que te transmita amor.

Instrucciones: En el día y la hora de Venus durante la luna creciente, sostén la vela rosada frente a ti mientras miras fijamente el espejo y di:

> **Señora Venus, agrego mi nombre a esta vela tres veces.**
> **Ayúdame en mi deseo de ser amado y libre.**
> **Por este medio doy el primer paso**

para recuperar mi vida,
por mi voluntad, por mi palabra,
por los elementales y *wights*.[9]
Acompáñame en las dolorosas noches frías,
para que a través de mí llegue el cambio
que traiga amor a mi vida.

Toma tu cuchillo mágico o un alfiler, e inscribe tu nombre tres veces en la vela rosada: la primera vez para amarte a ti mismo *(véase* sintiéndose bien, feliz, seguro, y orgulloso), la segunda vez para amar a otra persona (visualízate feliz y enamorado −recuerda no referirse a alguien en particular, eso no está permitido−) y la tercera vez para el amor de otra persona por ti.

Ten en tu mente esta visualización mientras unges la vela con tu aceite especial. Canta lo siguiente:

Uno con la llama,
mi fuego interior,
Venus concede
el deseo de mi corazón.

Siente el poder y la emoción de lo que deseas realizar derramando en tus manos y cargando completamente la vela hasta que sientas cómo laten tus dedos. Pasa la vela ungida por la alquimila. Ponla en un candelero especial y enciende la mecha. Rocía la hierba restante alrededor de la

9. «Wights» es una palabra alemana que significa «espíritus mágicos».

base de la vela. Puedes prenderla en varias ocasiones hasta la luna llena, el tiempo apropiado para que se consuma completamente, o entierra lo que quede en tu propiedad. Sopla la hierba de tu palma a los vientos de cambio. Los resultados deberán verse en la siguiente luna llena. También te recomiendo prender la vela mientras te tomas un baño espiritual, meditando los cambios necesarios en tu vida para convertirte en una mejor persona, y preguntándote cómo esa transformación afectará tu nivel de confianza y apariencia general frente a los demás.

Poción del gato (sólo para mujeres)

¡Éste es un hechizo para ayudarte a darte aires de grandeza!

Elementos: 1 cucharadita de cada una de las siguientes hierbas: damiana, palmito, yohimbé, ginseng, gotacela; 1 botella de vodka; tu colonia masculina favorita; 1 botella oscura con tapa.

Instrucciones: Remoja las hierbas en el vodka durante dos semanas. Filtra la mezcla. En una botella oscura, combina una parte de esta mezcla con diez partes de colonia (tendrás que tener cuidado para no oler como una cervecería, eso alejaría a sus candidatos). Si experimentas, puedes determinar qué mezcla funciona para la química de tu cuerpo, pues cada individuo es diferente. Aplica un poco del líquido en tus chakras (coronilla, frente, garganta, corazón, área del ombligo, plexo solar e ingle), luego sal a la conquista (en forma positiva, por supuesto). Puedes usar el resto de la mezcla de vodka para ungir fetiches, etc. Sé cuidadosa, el alcohol es altamente inflamable. ¡Te enojarías si destruyes tu altar de amor!

Hechizo para una cita (para hombres y mujeres)

Mientras te preparas para esa gran cita, enciende una vela roja y entona la siguiente oración:

**Afrodita, diosa griega de los cielos,
portadora de belleza, amor y sexualidad,
ábreme las puertas del amor esta noche.
¡Afrodita, tráeme los mismos deseos
que tienes para Adonis!**

Lleva la cerilla a la puerta principal. Haz la señal del pentagrama de invocación (mira el dibujo), abre la puerta, y di tres veces:

**¡Diosa de la noche de Luna,
no me dejes dormir solo(a) esta noche!**[10]

---

10. Tomado de The Little Black Book de lord Ian Markiv.

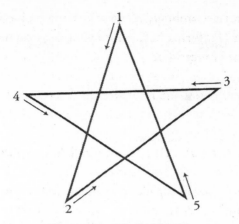

Pentagrama de invocación

Sé cuidadoso, este hechizo puede fundir todas las luces de la casa. No es broma. También puede entonar estas palabras en una fiesta, un club de baile u otra actividad social.

Advertencia: Los efectos son sólo temporales.

Hechizo de amor para los muertos

Éste es un regalo de amor y energía ofrecido a alguien que tú amaste mucho y ha fallecido (sí, también puedes usarlo para una mascota). Tal vez acabas de perder a alguien y sientes que necesitas «hacer más», o quizá la persona ha estado ausente casi seis meses, y tú piensas que estás listo para algún tipo de conclusión. Podría ser el día de nacimiento de tu ser amado, al que te gustaría honrar de alguna manera. De ti depende la forma en que desees emplear este hechizo en tu vida.

Elementos: Fotografía del fallecido; la comida favorita o flores favoritas del fallecido; uno de sus artículos predilectos; 1 vela morada frotada con aceite de pachulí.

Instrucciones: En la hora de Saturno (la hora de los muertos), o a la medianoche, quédate de pie frente a tu altar de amor. Levanta la foto. Rodéala con las flores (la comida) y el artículo predilecto. Pon las manos sobre la foto y di:

> **Bendiciones para ti, mi ser distante.**
> **En nombre del Señor y la Señora,**
> **envío energía positiva a dondequiera que estés.**
> **Desde las alturas de los cielos hasta las profundidades**
> **del núcleo de la Tierra,**
> **obtengo el poder que necesita para crecer**
> **y cambiar en el mundo de manera positiva**
> **más allá de la tumba.**

Siente el poder creciendo dentro de ti, luego enciende la vela diciendo:

> **Te envío esta energía amorosa.**
> **Que las bendiciones fluyan a ti por toda la eternidad.**
> **Que así sea.**

Deja que la vela se consuma completamente.[11]

Nota: Muchos practicantes de magia tienen santuarios ancestrales en sus casas, dedicados a personas específicas o seres amados en general.

Vela mágica casera de Kipona[12]

¿Problemas en tu vida sentimental? ¿Necesitas mejorar un poco las cosas? Éste es un hechizo que te dice exactamente cómo hacer tus propias velas mágicas, y provee ese encantamiento adicional para estimular tu vida sentimental.

Elementos: 1 olla vieja o un caldero; cera; nébeda; 1 espátula vieja o un palo para revolver; 1 mecha; moldes; piel de cebolla; verbena de limón; salvia; manzanilla y raíces de flores silvestres; un poco de pétalos de rosa; 1 vela rosada o blanca (o del color de tu elección); y 1 lata (que se menciona más adelante en el cuerpo del hechizo).

Los recipientes para fundir cera se pueden obtener de proveedores de la industria de las velas y se fabrican especialmente para este propósito. Tienen un termostato y muchos de estos recipientes vienen con tinas separadas

---

11. Busca en mi libro *Halloween* (Llewellyn, 1999) más rituales para honrar a los seres amados fallecidos. No disponible en español.

12. Escrito por Kipona del Black Forest Clan, Coven of the Pale Horse, © 2000.

para lavado. Éstas son normalmente muy costosas y sólo las usan fabricantes de velas a nivel comercial. Para el fabricante casero, sugiero comprar ollas viejas en una venta de garaje o en un mercado de segunda mano. Debes colocar la olla, en la cual planeas fundir la cera, dentro de otra olla con agua para hacer un baño María (marmita doble). Nunca fundas la cera directamente en el quemador o el microondas. Si deseas fundir varios colores a la vez, trata de guardar unas cuantas latas grandes de café o salsa. De esta forma puedes colocar varias latas al mismo tiempo en una olla grande con agua, para hacer velas multicolores. No olvides usar un portaollas a fin de quitar la lata cuando esté lista para verter la cera. Incluso podrías usar pinzas para facilitar el vertido. Para pequeñas cantidades, funcionan bien jarros de metal o incluso vasos grandes termorresistentes. La taza de medir es un buen recurso, pues ya viene marcada para ayudarte a medir tu cera. También puedes hacer tus propias marcas sobre las latas o los jarros.

Instrucciones: Llena la olla con agua y déjala hervir, baja la llama, luego pon los recipientes en el agua. Obsérvalos con mucho cuidado. Si tratas de fundir demasiada cera a la vez puedes causar un incendio. En caso de que llegara a suceder un accidente, ten a mano una tapa para colocar sobre la olla. Este método de fundir la cera funcionará con una estufa eléctrica o de gas siempre que seas cuidadoso con el procedimiento.

Mientras la cera se está fundiendo, añade sólo una pequeña cantidad de la mezcla herbal, revolviendo con una espátula de madera que ya no uses en la cocina, o un palito de algún árbol. Añade la mecha al molde que hayas escogido antes de empezar a verter la cera, y asegúrate que esté centrada antes de dejar que el material se enfríe. Puede hacer esto amarrando la mecha alrededor de un lápiz o una ramita, balanceándola sobre el molde –cualquier cosa que mantenga centrada la mecha mientras la cera se enfría te servirá–. Los moldes vienen en innumerables formas y tamaños. Los moldes de velas fabricados comercialmente se pueden adquirir con cualquier proveedor de esta industria y muchas tiendas de manualidades. Se hacen de diferentes materiales tales como metal, acrílico, hule de látex y vidrio; sin embargo, no estás limitado a usar estos. Muchos recipientes se pueden usar como moldes. Casi cualquier contenedor que resista el calor extremo de la cera fundida te servirá, siempre y cuando la abertura sea lo suficientemente grande para quitar la vela endurecida, o el recipiente sea desechable y pueda desprenderse de la vela. Puedes usar de nuevo viejos candeleros de vidrio, y simplemente quitar la cera que quede colocándolos por un tiempo en el congelador –la vela vieja debe salir fácilmente–. Si estás haciendo una vela que se sostiene sola, sin el uso de un candelero o base, asegúrate de revestir primero el interior del molde con un espray de cocina o de silicona. Esto ayudará a que la vela salga mucho más fácilmente. También puedes usar un molde desechable como un tarro de plástico, un cartón de leche, etc., que pueda ser desprendido cuando la vela esté dura.

Cuando la cera se haya fundido completamente déjala enfriar un poco, no más de dos minutos, luego viértela en un molde de tu elección. Recuerda usar un portaollas cuando quites el contenedor del agua, ya que éste estará caliente. Vierte un poco de cera fundida en tu molde, luego añade un poco de la mezcla herbal, y después más cera. Sigue haciendo esto hasta que tu contenedor esté casi lleno. Si ejecutas este procedimiento, la mezcla herbal se dispersará lentamente en toda la vela. Mientras viertes la mezcla y añades las hierbas, puedes colocar el recipiente en el agua caliente para que la mezcla se conserve líquida y no comience la solidificación.

Deja enfriar la mezcla durante veinticuatro horas, o coloca el molde en el refrigerador (no en el congelador) por un par de horas. Una vez que la vela esté completamente fría, podría presentarse una abolladura en la parte superior. En caso de que esto suceda, podrías echar un poco de la mezcla herbal para cubrir la depresión de la vela y sellar con cera. Déjala reposar unas cuantas horas, luego sácala del molde.

Cuando la vela esté fuera del molde, tómala con ambas manos, imaginando la razón por la cual vas a usarla. Yo siempre agradezco al Dios y la Diosa, luego envuelvo la vela y la entrego a la persona destinada.

Rito de la pareja perfecta[13]

Uno de los aspectos interesantes de este hechizo es que parece atraer hacia ti a toda clase de personas, incluso antiguos amantes y amigos que querrán ser románticos. Antes de terminar el hechizo, puedes suspenderlo y escoger a una de las personas que aparezcan. Según mi experiencia, sólo personas que desean relaciones pasajeras, o incluso amigos, aparecen antes de acabar el hechizo, y no son la pareja perfecta que has pedido. Deberás ajustarte a tu horario y terminar el hechizo. La pareja perfecta puede estar a la vuelta de la esquina o al otro lado del país, así que debes ser paciente –normalmente aparece en el transcurso de un año–. (¡No te quejes, que es un año para encontrar a la pareja perfecta!).

Este rito se debe desarrollar a la misma hora durante veintiún días. (¡No te quejes!). Empieza en la luna llena y no te detengas por ninguna razón. Cada día acerca más las velas que tienen una imagen, de tal forma que los últimos tres días entren en contacto y se derritan juntas (sé precavido con respecto al riesgo de incendio). Si por alguna razón la vela se consume antes de acabar el rito, traslada la llama a otra vela del mismo tipo.

Elementos: 1 mesa para hechizos (*véase* la siguiente página); 1 mantel; mezcla de sal marina y hojas de laurel molidas; piedras comunes de al menos 1 ½ pulgadas de diá-

---

13. Tomado de The Little Black Book de lord Ian Markiv.

metro (tú escoges la cantidad de piedras que desees usar en el hechizo); velas del Dios y la Diosa; incienso de amor y aceite de atracción; capullos de rosa frescos (uno por semana mantenido en el círculo de piedra del sur); velas rojas con imágenes masculina y femenina; platos para las velas de imágenes; una lista de cualidades de la pareja perfecta: buenos y malos hábitos, apariencia física (sé explícito), estado y camino espiritual, objetivos para el futuro, gustos y aversiones, y todos los detalles posibles; 1 bolsa de papel.

Nota: Para hacerlo más fácil, escribe las características en forma de carta, como si estuvieras escribiéndole a tu mejor amigo sobre el perfecto amante/amigo(a) que estás viendo. Conserva una copia de la carta para el hechizo, y una copia para futura referencia. Tómate el tiempo suficiente para escribir las cualidades. Sugiero que inicialmente se haga un borrador y se guarde. El borrador se debe sacar cada ciertos días durante un ciclo lunar por lo menos, cada vez actualizando y refinando sus características y cualidades. Cuantos más detalles mejor, y cuanto más tiempo se dedique al pensamiento y al corazón, más fácil resultará el hechizo.

Mesa para hechizos: En la parte noroeste de tu habitación, arregla tu mesa para hechizos (que no es tu altar normal). No tiene que ser una mesa grande, una mesa cuadrada será mejor. Coloca un mantel fino sobre ella. Formando un gran círculo rocía la mezcla de sal y hojas de laurel. Pon tus piedras sobre la mezcla salina. Una vez que el círculo esté terminado, coge dos piedras del lado este, dejando una abertura en el círculo. Coloca las velas de tus deidades en la cabecera de la mesa (fuera del círculo), tu incienso en el este, y los capullos de rosa en el noroeste de la mesa (fuera de las piedras).

Instrucciones: Cuando estés listo para hacer el hechizo, unge las velas (femeninas y masculinas) y coloca cada una en un pequeño plato (las velas de imágenes pueden manchar un fino mantel). Coloca la vela que te representa a ti (la de tu género) dentro del círculo de piedra y sal, con tu espalda en el oeste y mirando al este. Coloca la otra vela fuera del círculo mirando hacia dentro.

Enciende las velas del Dios y la Diosa, el incienso y las velas con figura. Entonces di:

> **Madre bendita, reina del cielo,**
> **escucha mis palabras y mi deseo.**
> **Señora poderosa, guardiana del corazón,**
> **busco que una pareja perfecta sea guiada a mi vida.**
> **Madre, escucha mi petición,**
> **guía a la persona perfecta hacia mí.**

Lee tu lista (carta) de cualidades y forma en tu mente la imagen de tu pareja ideal. Incluye todos los detalles y sé consistente cada noche.

Las velas deben arder al menos veinte minutos, luego di:

Hermosa señora, madre y reina,
tú has oído y has visto.
Una pareja perfecta es mi deseo,
con él/ella en mi vida nunca me cansaré.

Cuando el rito se haya terminado, coloca todos los residuos (incienso, ceniza, velas, piedras y capullos de rosa) en una bolsa de papel y arrójalo al océano o a un río profundo y rápido (escoge la marea de salida si vas a usar el océano). Si no hay mar o ríos cerca, entierra la bolsa en un hoyo profundo y vierte al menos dos galones de agua sobre ella. Esto se deberá hacer en la luna nueva.

Canto del amor[14]

Como la mayoría de poemas mágicos populares, éste no parece tener autor. Se dice que fue traducido de la libreta secreta de una hechicera, escrito en alemán, y tú debes realizar el hechizo como lo indica el canto.

En un viernes tan temprano como puedas,
toma la mejor manzana del árbol,
luego con tu sangre sobre papel blanco,
escribe tu propio nombre y el de tu verdadero amor.
La manzana deberás cortar en dos partes.
Y para su cura el papel puesto,

---

14. MorningStar, Black Forest Clan, Coven of the Pale Horse, © 2000.

con dos astillas puntiagudas de madera de mirto,
une las mitades hasta que se vea bien.
En el horno déjala secar,
y envuelta en hojas de mirto,
colócala bajo la almohada de tu amor,
pero no lo hagas saber.
Y si es un secreto,
él/ella mostrará tu amor por ti.

Hechizo de amor de la Madona Negra

Tengo un lugar especial en mi corazón para la Madona Negra, y por eso no podría escribir un libro de hechizos sin incluirla. Isis, que es probablemente la más conocida de las diosas egipcias, representa ceremonias, inmortalidad, tiempo, astrología, tierra, naturaleza, Luna, noche y, en la encarnación de la diosa haitiana Yemayá, amor (también conocida como nuestra Señora de la Regla). La expansión de la adoración de Isis se inició con la ocupación romana de los territorios fronterizos. Fueron numerosas las estatuas que se fabricaron de Isis llevando a su hijo. Cuando el cristianismo entró al escenario religioso, muchas de las capillas en Europa dedicadas a Isis, cambiaron las representaciones maternales de esta diosa por la Virgen María llevando a Jesús. Debido a que Isis era de piel oscura, estas estatuillas fueron llamadas las Vírgenes Negras o Madonas Negras.

Elementos: 1 tazón de esmalte blanco; 2 velas de siete días (blancas y azules –también puedes usar velas de nuestra Señora de la Regla–); tu oración de amor escrita en papel pergamino; y 1 jabón blanqueador de lavandería en forma de rectángulo o bola.

Nota: Este jabón se usa para blanquear la ropa. Puedes encontrar este producto en la sección de lavandería del supermercado, ya que, por suerte, algunas de nuestras abuelas aún lo usan y piden a los gerentes que mantengan este producto en sus inventarios.

Instrucciones: Coloca el tazón y las velas en tu altar de amor. Pon tu oración en el fondo del recipiente. Llénalo con agua. Añade suficiente jabón blanqueador para darle un color azul claro al agua (aunque algunos la prefieren más oscura). Enciende las velas y llama a la Madona Negra, diciendo en voz alta tu oración de amor. Ora todos los días durante siete días, repitiendo tu petición específica en tus devociones. El séptimo día deshazte del agua.

Nota: El hechizo original pedía echar el agua al océano, pero es mejor no empeorar la contaminación actual. Por consiguiente, si lo deseas, puedes poner el agua en un frasco y enterrarlo, vertiendo sólo un poco del líquido en el suelo, o puedes tirarla en el mismo lugar donde tiras tu agua de lavado.

Cómo encontrar a un antiguo enamorado

Han pasado cinco años, tal vez diez, y tú te preguntas qué pasó con cierta persona. ¿Deseas que esa persona regrese a tu vida? ¡Detente! ¡Piensa! Los recuerdos son como gusanitos –tienen la tendencia de volverse peluditos y cálidos mientras los filosos bordes que hirieron en el pasado se desafilan con el tiempo–. Sería mejor detenerse, preguntarse, sonreír y luego seguir adelante. Dar la vuelta a la página del álbum de fotos mental podría ser lo mejor para ti. Tal vez no deseas que esa persona regrese físicamente a tu vida, pero tienes curiosidad por saber qué sucedió con «como se llame». Tengo dos hechizos que han funcionado para practicantes mágicos en el pasado. Deberás escoger hasta dónde deseas llevarlos.

Elementos: Asumiendo que has buscado en Internet y no has podido encontrar a determinada persona, ensaya este procedimiento. Para «sólo averiguar», necesitarás 2 ganchos de alambre (sí, es verdad, has visto esto en otras formas de adivinación). Escribe el nombre de la persona en un pedazo de papel. (Esto realmente funciona mejor si tienes una foto o algo que perteneciese a la persona).

Instrucciones: Coloca el objeto o nombre a tus pies. Dobla y corta la parte superior del gancho de la percha encima de la unión (de forma que el gancho permanezca unido). Dale poder a los ganchos para que actúen como «recolectores de información solamente». Quédate de pie en el centro de una habitación. Sostén los ganchos sin apretarlos por el borde más largo (así parecerá que los ganchos son alas), separados aproximadamente 1 pie. Pide al Espíritu que te envíe información sobre la persona. Lentamente, moviéndote en el sentido de las manecillas del reloj, gira en círculo. Los ganchos pueden o no empezar a acercarse entre sí. Esto es señal de que estás conectándote con la persona. Si los ganchos se acercan entre sí significativamente, detente, cierra los ojos y concéntrate en recibir información. Cuando finalices, con un profundo suspiro da gracias a Dios, pidiendo que la información te llegue lo más pronto posible. Sabrás algo en treinta días aproximadamente.

Para atraer físicamente a la persona: Ten cuidado, pues no debes inhibir la libre voluntad de ese individuo. Haz algo con tus propias manos (una copa de barro o cerámica funcionará bien). Ata un objeto que perteneciese a la persona alrededor del pie de la copa. Si no tienes nada, entonces escribe el nombre de la persona en un pedazo de papel. También puedes hacer un fetiche de plumas, cuentas y cuero para atraer a esa persona hacia ti, atando el implemento mágico al pie de la copa. Pon en la copa tu petición al Espíritu para que las energías del universo te conecten físicamente con la persona que buscas; sin embargo, sería bueno agregar algo como «si esto es lo mejor para ambos», etc. Si no quieres que alguien lea el papel, quémalo y pon las cenizas en la copa. Yo también agregaría «nada ni nadie puede intervenir fuera de la energía del

Espíritu». Lleva la copa al último lugar que tú sepas frecuentaba la persona. Si estás destinado a encontrarte con ella, recibirás una llamada en aproximadamente treinta días.

Este capítulo contiene más de cincuenta ideas, hechizos, pociones, inciensos y rituales para traer el amor a tu vida. ¡Ahora es nuestra la interesante tarea de conservarlo!

3
Conservarlo

Cuando aprendemos a conservar el amor en nuestras vidas, tenemos que ser muy cuidadosos con esta palabra: «manipulación». Si absoluta y positivamente sientes que debes decir el nombre de la otra persona en tu hechizo, agrega siempre «o alguien mejor». Generalmente hay buenas razones por las que no deberías involucrar a una persona específica. Por ejemplo, puede haber rasgos del carácter negativo de dicha persona en la que tú no se has fijado todavía, o la persona puede estar en contra de tu camino espiritual en la vida, impidiéndote de este modo desarrollar las misiones que debes cumplir y, hablando con justicia, tu presencia en la vida de otro individuo, resultaría en una situación similar. Tal vez has sido atraído por alguien que, sin que tú lo sepas, posee un comportamiento abusivo. ¿Qué pasaría si tú ya has conocido la horrible oscuridad del abuso, pero estás inmerso en el antiguo recurso de la negación? He conocido innumerables mujeres y hombres desesperados aferrándose fuertemente a alguien que debería haber sido eliminado de sus vidas desde hace mucho tiempo, pero se aferran fuertemente a lo negativo porque le temen al cambio.

He descubierto que la ética, los valores y principios no son parámetros fijos como siempre lo había imaginado.

Mientras estudio varios países, religiones y culturas, encuentro un amplio rango de diferencias en lo que grupos de personas consideran o no comportamientos aceptables. Incluso el tiempo y nuestra progresión a través de éste cambian de acuerdo a la manera en que vemos diversos asuntos, incluyendo la institución del amor. Durante la época victoriana por ejemplo, hombres y mujeres eran evaluados en una escala diferente a la que actualmente usamos en nuestra búsqueda de la pareja perfecta.

Definitivamente, encontramos estos cambios sucesivos de aceptación en los hechizos populares que se han propagado con el tiempo. Muchos de estos hechizos se consideran manipulativos por naturaleza; sin embargo, si miramos más a fondo, descubrimos que los hechizos a menudo se usaban en contra (o para acentuar) los recursos manipulativos normales empleados por hombres y mujeres desde tiempo inmemorial en el siempre apasionado teatro del amor. Por ejemplo, si la vecina de al lado le ha robado al marido y se lo ha llevado a la cama usando el proceso predatorio femenino para «capturar un hombre», ¿debe la esposa ser condenada porque usa lo que tiene disponible para recuperarlo? (Siempre y cuando valga la pena el esfuerzo, claro –pero ése es otro aspecto de la situación–). La sociedad espera que la esposa use métodos convencionales, tales como cambiar su apariencia, alterar su comportamiento, acudir a un consejero matrimonial, empezar los procedimientos de divorcio, o incluso amenazar con un bate de béisbol a la mujer en cuestión (hey, dije la sociedad espera, no condona). Sin embargo, si la decepcionada esposa usa magia, entonces alguien la condena rápidamente, lo cual nos guía a la discusión de quién le está haciendo magia a quién. Si creemos que la magia cambia nuestras percepciones, y no las de la otra persona, entonces ¿qué es lo que hemos hecho? Sólo nos hemos manipulado nosotros mismos. Los hechizos de amor se echan a perder simplemente porque amasamos nuestras percepciones de una forma que no es sana para nuestro plan espiritual en general. Profundos pensamientos que deberíamos considerar seriamente.

Al investigar hechizos de amor, especialmente los originados en las reservadas profundidades secretas de la magia popular, encontraremos que algunos de los ingredientes y prácticas son extraños e incluso repugnantes para el paladar moderno. No obstante, si observamos el folklore campesino, que a menudo cuenta con muy pocas provisiones para realizar la magia, no es sorprendente que se pudieran utilizar fluidos corporales –después de todo, son la esencia de la persona–. Recuerdo reír a carcajadas cuando me contaron la historia de una mujer mayor que (durante los años veinte) estaba decidida a conservar a su joven esposo. Para lograrlo, todos los días se levantaba antes que él y preparaba su desayuno desnuda. El giro de esta ya curiosa historia es que siempre rompía los huevos para la tortilla de su marido sobre su cuerpo desnudo y los dejaba rodar hasta la sartén. ¡No estoy bromeando! (Y, para tu información, él nunca la dejó).

Lo dejo con lo anterior para que apliques tus propios recursos y los sesenta hechizos e ideas para conservar el amor que han sido presentados en este capítulo. ¡No digas que no te advertí!

Acondicionamiento del aura para el amor

¿Te trata mal la vida? ¿La gente dice cosas desagradables acerca de ti? (Que por supuesto no son ciertas). Es tiempo de darse gusto y relajarse en un baño de acondicionamiento para el amor.

Elementos: ⅛ de cucharadita de canela; 5 clavos; cáscara de naranja; ⅛ de cucharadita de azúcar morena; mortero y mano de mortero; ½ litro de agua; ⅛ de cucharadita de miel; 1 vela dorada (opcional).

Instrucciones: Mezcla las hierbas y el azúcar morena en el mortero. Agrega esto al medio litro de agua, cargando el líquido para limpiar el aura e incitar amor. Agrega la miel. Mezcla otra vez. Llena tu bañera con agua caliente, luego agrega la mezcla al agua de la tina de tu baño. Báñate a la luz de la vela dorada, concentrándote en traer energía amorosa a tu vida. Repite esto cinco días consecutivos.

Jardín de amor

Este hechizo proviene de las regiones productoras de carbón en Pensilvania, que usan elementos totalmente inocuos (para esa área) y crean un fantástico jardín de amor.

Elementos: 1 pedazo de carbón (sí, carbón); 1 plato o recipiente para hornear tarta; sal; jabón blanqueador de lavandería (*véase* página 112); un poco de agua.

Instrucciones: Durante una luna nueva, lleva los elementos al aire libre y pide las bendiciones del Espíritu para que te ayude a atraer amor a la vida de tus familiares. Coloca el carbón en el plato de hornear. Cubre con sal. Rocía el jabón de lavandería encima. Pon el plato sobre tu altar de amor. Finalmente, se empezará a formar moho de hermosos colores (debido a la sal).

Nota: Éste es un hechizo de efecto lento, y un buen proyecto científico para tus niños.

Hechizo del cristal de amor

He usado este hechizo durante años para conservar las vibraciones amorosas en la casa.

Elementos: 1 violeta africana (y un libro de instrucciones para cuidarla apropiadamente); 5 cristales de cuarzo; 1 botella de champaña; 1 copa de cristal.

Instrucciones: Aunque yo desarrollo este hechizo el día de Año Nuevo, tú puedes empezar en cualquier momento. Coloca la violeta africana en tu altar de amor. Rodea la flor con los 5 cristales de cuarzo para atraer energías amorosas a la casa. Si tu pareja está a tu lado, abrid juntos la botella de champaña. Dirige la botella a los cuatro puntos cardinales, pidiendo las bendiciones de los elementos. Sostenedla juntos y pedid las bendiciones del Espíritu. Vierte el champaña en la copa de cristal, cada uno deberá beber un sorbo. Entonces di:

Que nunca estemos sedientos de amor o amistad.

Deja la copa llena de champaña sobre el altar durante siete días, luego viértela afuera diciendo:

Un regalo para los dioses.

Lava la copa. Llénala con los cristales poderosos. Déjala sobre el altar hasta que desees cambiar el contenido.

¡Ah!, ¿y el resto de la botella de champaña? Tómatelo, por supuesto!

Cuentas de amor

Se cree que cualquier representación de un círculo, como una cuenta, representa el interminable círculo de la vida. Cuando tocamos las cuentas, experimentamos la sensación física de sus suaves e interminables superficies, usándolas para concentrarnos en nuestro propósito —la inagotable energía de amor.

Elementos: 10 cuentas blancas (pureza y amor espiritual); 10 cuentas rosadas (amistad); 10 cuentas rojas (amor y pasión); cuerda dorada (de cualquier longitud); aceite o perfume para atraer el amor.

Instrucciones: Enhebra todas las cuentas, diciendo el rito de autobendición:

Benditos sean mis pies,
que siguen el camino de la Madre.
Permíteme ser protegido por la fuerza del Padre.
Benditas sean mis rodillas que yacen en el altar sagrado.
Permite que encuentre curación
del asiento del poder ilimitado.
Bendito sea mi corazón, para que pueda
dar consuelo a mis hermanos y hermanas.

Permíteme practicar valor,
paciencia, honestidad y amor.
Benditos sean mis labios,
que pronuncian los nombres sagrados.
Que mis palabras sean veraces, afectuosas y sabias.

Unta las cuentas con aceite o perfume. Recita la oración a diario mientras volteas cada cuenta, o sostenlas cuando haces tus devociones. Estas cuentas también se pueden usar para atraer energías específicas, repitiendo la oración anterior seguida por tu petición de amor.

Encantos herbales de amor[1]

En esta sección, podrás ver que la mayoría de las aplicaciones mágicas asociadas con una planta corresponden a su función medicinal o agrícola. A continuación presento una corta lista de plantas cuyas correspondencias están ligadas al amor y la pasión.

Albahaca: Sagrada para la diosa yoruba Erzulie. Para encontrar amor, agrega albahaca al incienso y a las bolsas de hechizo para pedir sus bendiciones.

Almizcle: Atrae a los hombres. Lo pueden usar mujeres u homosexuales que deseen atraer un hombre. Úsalo como perfume.

---

1. Morgana's Chamber, 242 West 10th Street, Nueva York, NY, 10014.

Capullos de rosa: Ingrediente común en hechizos de amor. También ayudan en la comunicación del amor. Se pueden añadir a bolsas de hechizo, incienso y aceite. Úsalos para rellenar fetiches de amor.

Clavos: Un afrodisíaco que se puede añadir al incienso y a las bolsas de hechizo para atraer pasión. También podrías agregar la intención de pasión a platos cocinados con clavos.

Cilantro: Una antigua creencia sugiere que si agregamos unas pocas semillas de cilantro al vino, se incitará la pasión. Se cree que esta planta ayuda a acelerar las energías en el desarrollo de un hechizo.

Jacinto: Trae diversión y alegría a una relación. Agrega el aceite al incienso o ten una maceta en la casa con un jacinto para conservar una relación alegre. Siémbralo en tu jardín para asegurar que siempre tendrás risa y alegría en el hogar.

Jengibre: Si agregas jengibre a los alimentos, puedes ponerle sabor a una relación. ¿Qué tal las zanahorias cocidas con miel (para endulzar tu relación) y jengibre recién rallado para ponerle sabor a esta relación?

Lavanda: Mejor utilizada para aliviar problemas de amor. Tiene un efecto calmante y también se puede utilizar para rellenar una almohada de sueños, para que así sueñes con tu verdadero amor.

Mandrágora: Usada para atraer amor. Si un hombre la lleva consigo estimula la vitalidad.

Neroli: Estimulante. Se puede usar para atraer amor o aliviar todos los problemas amorosos.

Raíz de lirio de Florencia: Usada para atraer amor. La raíz entera o en forma de polvo se puede añadir a inciensos y aceites. Sirve también para mejorar las cualidades de otras hierbas. Agrégala a cualquier mezcla de amor para fortalecer tu propósito.

Ruda: Tiene la capacidad de protección para evitar atraer al tipo de amante equivocado. Al realizar un hechizo de amor general, la ruda te ayudará a atraer a la persona adecuada. Agrégala a bolsas de hechizo, incienso y aceites.

Sangre de dragón: Si se agrega a bolsas de hechizo, inciensos y aceites, la sangre de dragón atraerá amor.

Hechizo de amor para un niño

Aquí usamos la carta astrológica del niño o niña para traerle buena suerte y protegerlo(a) en todo momento. La carta natal es una impresión de energías mientras viaja a través del nacimiento, maduración y muerte. El siguiente proyecto, junto con un completo portafolio natal, es un excelente regalo para un bebé recién nacido o un niño(a) (incluso para un adulto). Los reportes especializados para niños también pueden ayudar a los padres a determinar las fortalezas y debilidades de sus hijos, enfocando actividades educacionales diseñadas específicamente para ellos y, por encima de todo, mostrando la forma de comunicación que entenderán.

Elementos: Este hechizo requiere la fecha, hora y lugar de nacimiento del niño, además de su carta astrológica, una oración especial de amor y bendición escrita por ti sobre una hoja de pergamino limpia; una superficie plana del tamaño de la carta natal, por ejemplo cartón o cartulina; mezcla de pegamento de una tienda de manualidades; 1 brocha suave; 2 velas azules; aceite o colonia de amor.

Instrucciones: Pega la carta natal sobre un lado de la superficie plana escogida, y tu bendición sobre el otro. Déjalo secar. Durante la luna nueva, frota las velas azules con aceite o colonia de amor. Enciende las velas, leyendo en voz alta la bendición que escribiste. Pídele al Espíritu un regalo especial, como sabiduría, risa, compasión, etc.

Podrías agregar la petición de que el niño posea espiritualidad en su corazón, y pueda ver la misión escogida para él o ella en esta vida. Termina el rito solicitando que el niño supere sus desafíos en la vida y aprenda a usar sus talentos de la mejor manera posible para él mismo y la humanidad. Deja que las velas se consuman completamente. Presenta la carta y la oración a los padres en una caja para regalo.

Para conservar amigos amorosos

Una amistad con alguien es una asociación basada en intereses y respeto mutuos. Usa este hechizo para ayudar a mantener una actitud cordial y honorable al tratar a los demás.

Elementos: 1 caja de bombones en forma de corazón; incienso de amor; 2 velas rosadas de siete días; 1 pluma roja; varios pedacitos de papel pergamino; mezcla herbal para el amor (usa las recetas de este libro, las tuyas propias, o una mezcla de tu tienda favorita de ocultismo/Nueva Era) para usar como incienso y rociar sobre tu petición.

Instrucciones: Coloca la caja en tu altar de amor. Dedica todos los elementos a la diosa Afrodita. Prende el incienso y pasa los elementos a través del humo, pidiendo bendiciones de la diosa del amor. Enciende una vela rosada de siete días, repitiendo tu petición. Pon las manos sobre los bombones, diciendo tu petición por tercera vez. Deja que la vela se consuma totalmente. Comparte los bombones con tus amigos. Durante una luna llena (después que la caja esté vacía), enciende la segunda vela. Con la pluma y el pergamino, escribe qué tipo de energías buscas en un amigo. Recuerda, no puedes pedir lo que no se puede dar. Haz pequeños rollos con cada pedazo de papel pergamino y pégalos o cóselos, con hilo rosado. Pon cada rollo en las ranuras que ocuparon los bombones. Cuando hayas llenado todos estos espacios, coloca las manos sobre la caja y repite tu petición original. Cierra la caja y ponla en un lugar seguro. Si lo consideras necesario, puedes sellar la caja con cera rosada de la vela ardiendo (ten cuidado). Deja que la segunda vela se consuma completamente. Cada noche, durante siete días, repite tu petición original mientras pones las manos sobre la caja mágica. Cuando tus deseos se hagan realidad, puedes quitar los pergaminos y quemarlos, dando gracias a Afrodita. Conserva la caja para otro trabajo mágico.

Nota: Puedes convertirlo en un hechizo curativo.

Hechizo para noches lujuriosas

Está bien, es un hecho. Tú y tu pareja habéis estado bajo estrés últimamente y se ha perdido pasión en la relación. ¡Por qué no reservar una buena habitación en un hotel y practicar este hechizo!

Elementos: 2 copas champañeras de plástico vacías; 6 capullos de rosas de color rosa; 1 cinta roja; 1 pedazo de papel pergamino; 1 pluma roja; 1 encendedor rojo.

Instrucciones: Llena las copas con los seis capullos de rosa. Átalas con la cinta roja. Con la pluma, escribe tu nombre y el de la otra persona sobre el pedazo de papel. Quémalo, repitiendo tres veces las palabras «¡amor, pasión y sexo, imprescindibles!». Esparce las cenizas sobre las rosas. ¡Colócalas bajo tu cama y espera a que comience la diversión!

Estación del hechizo de amor

Éste es un antiguo hechizo sureño usado para eliminar de la casa y la familia el ambiente de negatividad que permanece desde la estación pasada, y dar la bienvenida a una nueva estación y a las energías positivas que ésta nos brinda. Si no te sientes particularmente capacitado para escribir tu bendición para la estación, puedes encontrar excelente información en *Celtic Devotional Daily Prayers and Blessings,* de Caitlin Matthews, publicado por Harmony Books (una división de Crown) en Nueva York.

Elementos: 1 cebolla grande; tela roja; 1 escoba; leche y miel.

Instrucciones: Para realizar este hechizo, será necesario que revises en tu libro de fechas el comienzo astrológico de las estaciones. El día anterior al cambio de estación, envuelve la cebolla en la tela roja. Con tu escoba, mueve la cebolla sobre el piso de toda tu casa o apartamento. (A propósito, a los niños les gusta mucho este hechizo). Canta:

**El mal no tendrá paz ni descanso,
hasta que haya dejado mi nido sagrado.**

Abre la puerta principal de tu casa y barre la cebolla hacia afuera, por los escalones (si tienes), y luego hasta la calle. Arrójala inmediatamente en el balde de la basura (en un recolector si puedes). Cierra la puerta principal diciendo:

El mal se ha ido, el amor continúa.

Al día siguiente (el día del cambio de estación), abre la puerta y ofrece una oración de amor a la nueva estación, dando la bienvenida a nuevas energías en tu casa. Deja una ofrenda de leche y miel en el escalón de tu puerta.

Hechizo de amor del experto en informática

Muestra tu aprecio creando tu propia vela de siete días para un amigo(a).

Elementos: 1 poema u oración escrito por ti para esa persona; 1 imagen de «clip art» que refleje tus sentimientos; 1 etiqueta diseñada para tu tipo de impresora (ten al menos 2 disponibles por si algo falla); 1 vela de siete días en un contenedor de vidrio (tú eliges el color); hierbas y aceites de amor; diamantina dorada y plateada; hilo rosado para bordar.

Instrucciones: Durante una luna llena, dedica tiempo a escribir el sentimiento/hechizo y a diseñar la etiqueta para la vela. Revisa bien sus medidas para asegurarte de que el diseño de la etiqueta esté bien colocado alrededor del contenedor de vidrio de la vela. Imprime la etiqueta, pero revisa las medidas una vez más. Despega el reverso de la etiqueta y adhiérela al vidrio. Elimina las burbujas de aire pasando cuidadosamente los dedos desde el centro de la etiqueta hasta los bordes.

Frota la vela (si es intercambiable) con el aceite de amor. Si ya has vertido la vela dentro del contenedor de vidrio, frota el aceite en la parte superior de la vela en el sentido de las manecillas del reloj. Agrega un poco de mezcla herbal para el amor. Sella la magia creando una cruz de brazos iguales (página 32) con un poco de la diamantina sobre la parte superior de la vela. Sostén la vela en las manos y lee tres veces el poema en voz alta, pidiéndole al Espíritu que bendiga a tu amigo(a). Enrolla el hilo rosado tres veces alrededor de la vela y haz un nudo. Corta el hilo sobrante. Cuando entregues el regalo, explica que el hilo se debe cortar después de que una tercera parte de la vela se haya consumido, como un estímulo adicional para liberar la magia que tú has plasmado en ella. Esto también le da a tu amigo(a) la oportunidad de elegir cuándo liberar la energía puesta en la vela, si es que así lo deseas.

Nota: Éste puede ser un regalo para una ocasión especial o simplemente una sorpresa.

Sugerencia: Para evitar que te lleguen mensajes indeseables, coloca 3 piedras de cuarzo rosados y una amatista en el borde de tu monitor, junto a la pantalla.

Objetos amorosos: regálalos antes de morir

Este hechizo está diseñado específicamente para las urracas como nosotros (yo soy una autoridad, por eso me incluyo). No podrás tener una vida hogareña feliz si constantemente estás esquivando obstáculos para llegar a la cocina (o mucho peor, a la recámara). Escoge un sábado (desaparición) y comienza a alimentar la basura, deshaciéndote de lo que no sirva. Separa las cosas que consideras que están en buen estado para ser desechadas pero que deberían dejar tu casa porque tú nunca las usarás más. Limpia estos artículos con los cuatro elementos y colócalos en una mesa aparte. Reúne a tus amigos a cenar enviándoles una invitación de «objetos amorosos», indicando que tienes varias cosas que ya no necesitas y desearías regalar, ofreciéndoles que vengan a «echar un vistazo». Tal vez tú tengas algo que ellos han estado buscando. Sé creativo con la invitación y guarda tus porcelanas finas —no todo es gratis—. Además, algunas personas se sienten ofendidas con cosas de «segunda mano». Tal vez debas tener esto en cuenta cuando hagas tu lista de invitados. Sin embargo, otras personas (incluyéndome a mí), estaríamos dichosas con la invitación.

Hechizo del corazón de dragón para conservar el amor

Para este hechizo, invoca a Tiamat, la diosa dragón de Babilonia, asociada con la creación de la vida, las aguas primordiales, la Tierra, la naturaleza y el cielo.

Elementos: 1 corazón de fieltro rojo; 3 alfileres de cabeza color de rosa remojados en aceite de amor; tu nombre y el de tu pareja escritos en un pedazo de papel color de rosa; $1/8$ de cucharadita de polvo de sangre de dragón; 1 vela azul; 1 bolsa de plástico pequeña; 1 pétalo de rosa (opcional).

Instrucciones: En una luna nueva, otorga poder de amor al corazón de fieltro rojo. Remoja los tres alfileres en aceite de amor y cárgalos para energía amorosa pura y duradera. Otorga poder a la vela azul para que tu amor sea verdadero. Enciéndela. Después que se haya consumido una tercera parte de la vela, echa gotas de la cera azul en la hierba, el papel y el corazón. Coloca este último en una bolsa de plástico con un pétalo de rosa (opcional). Pon la vela ardiente sobre la bolsa, y deja que se consuma completamente. Coloca el corazón debajo del colchón de tu cama. Renuévelo cada seis meses.

Ojo amoroso

Este hechizo proviene de Haití y es de efecto lento, lo cual lo hace perfecto para el período de citas de una relación. Si no te gusta la forma en que tu relación se ha desarrollado, simplemente rompe las agujas y tira los elementos del hechizo fuera de tu propiedad después de la puesta del sol en una luna oscura.

Elementos: 2 agujas; hilo rojo; 1 hoja de consuelda o laurel fresca; 1 bolsa roja; 1 piedra imán o un imán.

Instrucciones: Durante una luna nueva a la hora de Venus (o un viernes), coloca las agujas «punta a ojo» y envuélvelas en hilo rojo. Enróllalas en la hoja fresca. Haz una atadura. Sostenlas en tu mano durante quince minutos, pidiéndole al Espíritu que te conceda éxito en la relación. Coloca el material con poder (hoja y agujas) en la bolsa roja junto a la piedra imán. Ata la bolsa para cerrarla y mantenla en un lugar seguro.

Expansión de amor

El uso de llaves es predominante en las prácticas mágicas populares. Aquí vamos a usarlas como la «llave del éxito» en lo que se refiere a una relación presente que deseemos conservar.

Elementos: 1 figurita de chocolate (ten cuidado si escoges un conejo); envoltura de plástico; 1 llave dorada; 1 trozo de cuarzo rosado; 1 bolsa azul pequeña.

Instrucciones: En una luna llena, a la hora de Júpiter (o un jueves), coloca todos los elementos sobre tu altar de amor. Da poder para el éxito y la expansión del amor en tu vida. Comparte el chocolate con alguien importante para ti, guardando un pedazo para el resto del hechizo. Envuelve este trozo de chocolate en la envoltura de plástico. Coloca la llave dorada, el cuarzo rosado y el pedazo de chocolate en la bolsa azul (azul para el verdadero amor). Pon la bolsa en un lugar seguro. Renuévala en el aniversario de tu primera cita o de tu boda.

Bola de conjuro para conservar el amor

Las bolas de conjuro se pueden usar para diversos propósitos, desde conseguir buena salud, curación, éxito y dinero, hasta la atracción del amor. Arcilla o cera son los principales ingredientes con los que estas bolas de conjuro se fabrican, y normalmente son del tamaño de una canica gigante. En estos tiempos, se pueden utilizar también interesantes compuestos plásticos como Fimo, que vienen en una variedad de colores. Usando las instrucciones del paquete de Fimo para fabricar joyería, tú podrías convertir todo un collar o un par de pendientes en objetos de conjuro.

Elementos: Unta 1 vela roja con aceite o perfume de amor; pétalos de rosa (amor); verbena (acción); lavanda (poder espiritual); romero (para ponerlo en la mente de la otra persona); 1 trozo de magnetita o un imán pequeño; 1 plato blanco; y algo que pertenezca a los dos individuos involucrados en el hechizo (cabello, pedazos de uña, etc., comúnmente llamados amuletos en varios círculos mágicos). Agrega echinácea si piensas que necesitas fortalecer el hechizo, pero no exageres.

Instrucciones: Coloca todos los elementos en el centro del plato blanco. Carga para amor duradero. Enciende la vela roja. Mientras cantas, haz gotear la cera sobre los ingredientes y visualiza tu deseo. Cuando la cera se empieza a enfriar, haz una bola con todos los ingredientes. Continúa añadiendo cera hasta que la superficie de la bola esté sin manchas y tan lisa como sea posible. Deja que la vela arda completamente. Lleva contigo la bola de conjuro.

Hechizo para el matrimonio

Éste es un hechizo popular desarrollado por la madre de la novia para que su querida hija encuentre al soltero más codiciado y lo atrape para siempre. No es raro que el hechizo sea realizado por la dama en cuestión. El proceso de conjuro toma tiempo en este trabajo.

Elementos: 1 artículo de los eventuales novios (los objetos escogidos deben ser lo suficientemente pequeños para caber en el hueco de la parte superior del pastel); 1 figura decorativa (normalmente usada en pasteles de bodas); 1 tarro grande (como los que se usan para conservas funciona bien); agua de manantial; ¼ de cucharadita de verbena, raíz de lirio de Florencia y mirra (para abrir las puertas astrales del amor); 1 imán o magnetita; 1 cucharada de hojas de mirto; 1 cucharada de cáscara de naranja; 21 pulgadas de cinta de raso blanco, lo suficientemente ancha para escribir sobre ella; 2 anillos baratos; 1 tazón de azúcar morena; 1 vela blanca especial para bodas; 1 vela azul; 1 caja de zapatos para niño.

Instrucciones: Asegura firmemente los objetos personales del novio y la novia dentro de la parte superior del pastel. Sella con la cera roja si es necesario. Llena el tarro de conservas con el agua de manantial (aproximadamente ¾ partes). Pon las manos sobre el agua y carga para amor, fidelidad y felicidad espiritual. Agrega al agua la verbena, la raíz de lirio de Florencia y la mirra. Deja caer la magnetita (o el imán) cargada para que la pareja se una en forma positiva, con las bendiciones del Espíritu. (Aquí te aconsejo poner una «puerta trasera» en el hechizo. Para alguien que haya caminado hacia el altar la primera vez y no haya dicho nada, esto habrá resultado en un costoso error. ¡No cometas el mismo error que yo cometí!). Revuelve la mezcla en el sentido de las manecillas del reloj once veces.

Sumerge la parte superior del pastel lentamente en el agua y séllalo para que quede cerrado. Reza sobre el frasco durante tres días. Ábrelo, vacía el agua, deshazte de las hierbas, conserva la magnetita, y quita la parte superior del pastel. Deja que éste y la magnetita se sequen sobre una capa de hojas de mirto y cáscara de naranja. Escribe los nombres de las dos personas todas las veces que puedas sobre la cinta de raso blanco. Envuelve la cinta completamente alrededor de la parte superior del pastel, dejando suficiente cinta para ensartar los anillos de plata y atar los extremos. Ensarta los anillos. Ata los éxtremos de la cinta de tal forma que no se desate si alguien tirase.

Coloca la parte superior del pastel en un tazón de azúcar morena. Dale poder a la vela blanca de boda para los aspectos mayores del amor. Enciende la vela y reza durante tres días a la misma hora, por una unión positiva. Prende una vela azul para que el amor sea verdadero.

El cuarto día, pon la parte superior del pastel en la caja de zapatos y sella. Espolvorea el azúcar fuera de tu propiedad. Coloca la caja donde nunca pueda ser encontrada por la persona con quien piensas casarte. Este hechizo popular estipula que si el hechizo se hizo para atraparlo y la caja es abierta por el novio (o la novia), este hechizo se romperá. Igualmente, si desearas divorciarte de esa persona, deberás abrir la caja, quemarla, separar la cinta de la parte superior del pastel, destruirla y enterrar los anillos por separado fuera de tu propiedad. Si la madre de la novia lanza el hechizo, podría darle la parte superior del pastel a tu hija, en otros casos la guardaría en su propia casa para conservarla.

Hechizo para enmendar un daño

A veces sabemos que hemos metido la pata por abrir la boca. Para arreglar una tonta disputa, ensaya este hechizo, el cual se enfoca en la armonía.

Elementos: Los nombres de las dos personas involucradas en el problema en un papel blanco, con las runas Gebo (**ᚷ**), Mannez (**ᛗ**), y Wunjo (**ᚹ**) sobre ellos; 1 tazón de metal; semillas de pasionaria; raíz de lirio de Florencia; aceite o perfume de amor; miel; azúcar morena; 1 vela azul y 1 verde; alambre para colgar cuadros; 2 lápices.

Instrucciones: Coloca los nombres en un plato metálico. Carga todos los elementos para enmendar sentimientos heridos. Rocía el papel con las hierbas listadas y el azúcar morena. Frota aceite o perfume de amor en las dos velas, después frota la miel. Coloca 1 vela a la derecha del plato y la otra a la izquierda. Enciéndelas, pidiéndole al Espíritu que elimine la tristeza y la reemplace con armonía. Lentamente, repitiendo los nombres de ambas personas, enrolla el alambre uniendo los dos lápices. Prende el papel en el tazón metálico. Pasa los lápices con el alambre sobre el humo y la llama, pidiéndole de nuevo al Espíritu una honesta reconciliación. Lanza las cenizas al viento. Pon los lápices en un lugar seguro. Prende las velas durante diez minutos cada día durante siete días. El último día déjalas arder completamente.

¡Inmediatamente después de una discusión!

Es cierto que tú no eres la única que llena el ambiente con energía negativa. Las discusiones se suscitan en cualquier lugar —en la oficina, mientras visitamos a una amiga y tu esposo está de mal humor, o nuestro hijo trae a un amigo travieso de visita—. Las siguientes son algunas sugerencias rápidas para disipar esa energía negativa de inmediato.

- Coloca un vaso con hielo cerca de donde empezó la discusión. Mientras el hielo se derrite, la energía negativa es absorbida por el agua. Tira el líquido fuera de tu casa después de que el hielo se haya derretido completamente.
- Rocía agua de Florida o agua sagrada en la habitación. Para hacer agua de Florida, combina ½ galón de alcohol de 90°, ½ litro de agua de manantial, 1 cucharada de jugo de limón; 10 gotas de aceite de amor o de protección (según la situación). Esto debe usarse sólo como agua de lavado.
- Coloca una esponja seca en un tazón de agua cargada. Después que la esponja haya absorbido toda el agua, tira el agua y la esponja afuera.
- Haz sonar una campana o unas campanillas al menos siete veces.
- Abre una ventana, sin importar el clima.

Hechizo del farol de amor

Otro hechizo popular diseñado para liberar la casa de energía negativa después de un horrible día, requiere de una lámpara de keroseno decorativa. Si has tenido un mal día en el trabajo, o una discusión, enciende tu pequeña lámpara de amor y haz el hechizo.

Elementos: Mortero y mano de mortero; pimienta inglesa (para aliviar sentimientos del corazón), olíbano (para limpiar), y naranja en la cantidad que tú elijas (para hacer que el hechizo actúe más rápido); 1 pequeña lámpara decorativa; 1 pedazo de papel para escribir o una mecha limpia; aceite color rosa para la lámpara (si no puedes conseguirlo, diluye aceite rojo con aceite claro de la misma marca); carbón de incienso (no uses carbón para fuegos exteriores, ya que pueden causar una seria contaminación dentro de la casa y ser dañino para tu salud).

Instrucciones: Dale poder de armonía a todos los elementos. Toma un baño espiritual. Con el mortero, mezcla los ingredientes herbales. Prende este incienso suelto sobre el carbón de incienso. Desmonta la lámpara. Escribe tu nombre y el de la otra persona involucrada en la discusión, sobre el pedazo de papel o en la mecha limpia y seca. No te preocupes si no puedes leerlo —ya sabes de quién estamos hablando—. Si utilizaste el papel, colócalo en el fondo del farol, y si usaste la mecha, insértala de nuevo en la lámpara. Cubre con aceite y ensambla de nuevo la lámpara. Colócala en el centro de tu altar de amor y enciéndela. Pídele al Espíritu que traiga de nuevo la luz de amor a tu relación. Deja la lámpara ardiendo hasta que cese el problema y la armonía esté restaurada.

El hechizo de Bast

Bast, una diosa semianimal, es el arquetipo egipcio de la Tierra, la naturaleza, la Luna, la noche, las artes, la felicidad y el baile. Poseedora de una cabeza de león, esta diosa representa una deidad del Sol. Para pedirle que traiga amor, talento y felicidad a tu vida, primero debes encontrar la estatua de un gato.

Elementos: 1 bote de leche vacío y limpio; 1 cuchillo de manualidades, como por ejemplo un cuchillo para trazar; 1 perforadora de papel; fotos de toda la familia o un retrato familiar; 1 pequeña imagen de un gato (incluso serviría un juguete de plástico); 3 tazas de arena blanca por lo menos; cuerda (azul y verde) cortada en diferentes medidas que pasarás por los agujeros hechos con la perforadora; 1 surtido de cuentas que deberán ser ensartadas en las cuerdas.

Instrucciones: En un lunes a la hora de la Luna (si es posible), carga todos los elementos en tu altar de amor.

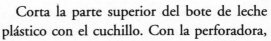

Corta la parte superior del bote de leche plástico con el cuchillo. Con la perforadora, haz agujeros a una pulgada de separación del borde superior, y a una pulgada de separación entre sí. Coloca las fotos de tu familia en el fondo del bote de leche con el gato de plástico, al que le has dado poder y lo has dedicado a Bast, la diosa egipcia de la protección. Cúbrelo con la arena blanca. Pasa una cuerda a través de cada agujero, pidiendo un deseo especial para cada miembro de la familia. Ata las cuerdas en la parte superior. Ensarta las cuentas (las que tú quieras) en cada cuerda, repitiendo tu petición. Mientras haces los nudos, di:

Este deseo está sellado.

Coloca el bote de leche junto a la puerta principal. Considera los deseos concedidos si al gato de tu casa le gustan las cuentas colgantes.

Cambia la arena una vez al mes.

Hechizo de una canción de amor

Las parejas a menudo escogen una canción que señala un momento especial en su relación. Por consiguiente, si piensas en ello, la magia de las canciones es algo normal. La música, por sí misma, posee un encanto claro y poderoso.

Elementos: Una canción de amor; 1 pedazo de papel y 1 pluma; 1 cuchillo de manualidades; 1 vela pilar; aceite o perfume de amor; diamantina; semillas de cilantro trituradas (opcional).

Instrucciones: Mientras escuchas tu canción de amor favorita, escribe las palabras (o usa una canción que hayas escogido para una persona en particular y un propósito específico). Escribe tu nombre y el de tu ser amado sobre un pedazo de papel. Mientras escuchas la música elegida, canta y haz una serie de espirales sobre la vela utilizando el cuchillo. Las velas pilares funcionan mejor para este hechizo en particular. Esto puede llevar tiempo, y lo más probable es que debas escuchar la canción repetidamente. Está bien, la repetición te ayudará a enfocarte en tu deseo. Cuando hayas terminado, frota la vela con aceite o perfume de amor, luego rueda la vela en la diamantina. Coloca el papel debajo de la vela. Asegúrate de entonar la canción de amor mientras la vela arde, y agrega muchos besos. Agrega las semillas de cilantro trituradas bajo la vela para hacer que el hechizo actúe más rápido.

Hechizo de la cita perfecta

¡Rápido, simple y funciona!

Elementos: Para este encanto necesitarás la portada de una novela de tu autor romántico favorito. Si normalmente no lees libros de romances, puedo sugerirte uno de Maggie Shayne, o ve a la librería para que encuentres una portada que te guste.

Instrucciones: Escribe el nombre de la persona con la que has estado saliendo en el reverso de la portada y colócala de pie en tu altar de amor. Rocía con hierbas de pasión, incluyendo el romero, para que esté en la mente de tu ser amado.

Nota: Los efectos del hechizo son temporales.

Adivinación con cartas para el amor

Ésta es una adivinación de amor para que la ensayes en la siguiente fiesta a la que asistas. Confía en mí, serás la sensación del baile.

Elementos: El palo de corazones de una baraja común (carga mensajes de amor antes de usarlo); colócalo en una bolsa roja con una piedra de la Luna y un pedazo de cuarzo rosado.

Instrucciones: Baraja y saca una carta (no más de dos).

As – ¡Ve por él! Hay un nuevo amor en el horizonte.

Dos de corazones – Es el momento para la unión.

Tres de corazones – Te divertirás, es una fiesta o celebración. ¡Posible propuesta!

Cuatro de corazones – Tiempo para preparar el nido y planear tu futuro.

Cinco de corazones – Él o ella no es conveniente. ¡Nos vemos!

Seis de corazones – Un antiguo amor revive.

Siete de corazones – Alguien está mintiéndote.

Ocho de corazones – Busca tu guía espiritual.

Nueve de corazones – Tu deseo se hará realidad, pero ten cuidado con lo que deseas.

Diez de corazones – Se avecina una feliz vida familiar.

Jota de corazones – Mensaje de amor en camino (puede indicar embarazo).

Reina de corazones – ¡Diosa de amor!

Rey de corazones – ¡Alma gemela!

Incienso de amor curativo

El mejor momento para usarlo es después de una discusión, para darle poder a hechizos y rituales curativos, o para hablar con alguien que ha malentendido tus palabras y acciones.

Elementos: 1 cucharadita de mirra finamente molida; 1 cucharadita de sándalo en polvo; 7 gotas de aceite de pachulí; 1 cucharadita de botones de lavanda triturados; 1 cucharadita de pétalos de rosa triturados.

Instrucciones: Agrega los ingredientes en el orden presentado, mezclando después de que añadas cada uno. Da poder. Prende el carbón. Pon el incienso restante en un frasco o una bolsa de plástico resellable.

Mejor tiempo para hacer el hechizo: Luna nueva.

Para ayudar a aclarar los problemas en una relación turbulenta

No todos los hechizos en este libro están diseñados para una relación romántica. Por ejemplo, si tienes problemas de comunicación con tus padres o tu hijo, este procedimiento es un gran paso para ayudar a clarificar tus energías.

Elementos: Incienso (el que escojas para propósitos de aclaración –los tipos de aromas «Lluvia» u «Océano» tienen buen simbolismo–); 3 velas: una blanca (para intenciones de pureza), una morada (para dedicarla al espíritu superior), y otra del color que simbolice la calidad de la relación en la que estás trabajando; sal; agua bendecida en una copa o taza; ramitas de ruda largas, frescas si es posible (o si no puedes conseguir ruda, utiliza lavanda); 2 frascos o floreros pequeños llenos de agua bendita; 2 flores del mismo tipo, no importa si son tréboles o rosas, pero tienen que ser del mismo tipo; una selección de objetos que pertenezcan a cada uno de vosotros llamados talismanes –al menos 2, o varios si así lo prefieres–, o un pedazo de papel con símbolos que representen a cada uno de vosotros.

Tiempo apropiado: Luna llena o creciente.

Instrucciones: Ten en cuenta que el altar de amor y los elementos del hechizo serán colocados en el centro de la habitación, permitiendo que tú trabajes alrededor de ellos; por consiguiente, puedes crear un altar de amor temporal para este trabajo. Haz los preliminares (frota el círculo, etc.) y dedica tu persona a los más altos valores espirituales que operan en la relación. Prende el incienso y usa el humo para purificar todos los objetos que has llevado al altar, uno por uno, eliminando cualquier negatividad. Enciende la vela blanca y ponte en servicio para el mejor resultado en la situación. Visualiza las mejores partes de la relación, los lugares en que estáis en armonía, cualquier cosa que aprecies y ames de la otra persona, y todo lo bueno que compartís. Enciende la vela morada, luego la otra, y visualiza las llamas atrayendo las mayores cualidades en la relación.

Pon algo de sal en la copa de agua. Luego, usando la ramita de ruda como el «rociador», camina por el círculo tres veces (instintivamente yo camino en contra del sentido de las manecillas del reloj) diciendo en voz alta:

Lavo lo fangoso en esta relación.
Esta agua limpia todos los aspectos turbios
que interfieren con nuestra perfecta comunicación.
Nos vemos y hablamos clara y
honestamente el uno con el otro.
Lavo el sufrimiento,
la actitud defensiva y cualquier cosa que interfiera
con la verdadera comunicación entre nosotros.

(O las palabras que te parezcan apropiadas —normalmente los problemas en las relaciones tienen que ver con la falta de comunicación o la deshonestidad de una de las partes, pero hay otros problemas que se pueden tratar de la misma manera—).

Regresa al centro. Si la ruda está fresca, ponla en uno de los floreros. Luego coge las flores, una en cada mano, y de nuevo visualiza las mejores partes de tu relación. Imagina una comunicación pura y fácil floreciendo entre los dos, disipando todo lo que pudiera interferir entre vosotros. Pídele a la Madre que os bendiga mientras tratáis lo que pueda surgir en esta comunicación, luego pon las dos flores en el segundo florero.

Con las velas y el incienso prendidos, coge en las manos el papel con símbolos (o los dos objetos que te pertenecen) e imagina una luz blanca llenándolos y llenando el área a tu alrededor. Si quieres puede decir algo, dedicando tu ser, tus palabras y acciones al servicio de los dioses, o simplemente puedes quedarte tranquilo y visualizar la limpieza que se suscita. Cuando te sientas listo, libéralo todo, agradece a la Madre, terminando el ritual de la manera más confortable para ti. Pon los dos floreros donde los veas constantemente, especialmente en el lugar donde te sientas cuando estés en comunicación con esa persona. Renueva este ritual cada treinta días hasta que la situación esté resuelta por completo. Cambia las flores cada semana, conservando las flores anteriores, secándolas y guardándolas en un lugar seguro hasta que la relación sea sólida. Luego puedes lanzar al viento las flores secas, agradeciendo a la Madre su ayuda.

Hechizos populares para evitar que la persona amada vague por otros rumbos

- Encuentra un par de zapatos viejos que pertenezcan a la persona elegida. Coloca un imán o una magnetita en cada uno. Entierra los zapatos en el patio de enfrente, con la punta señalando hacia la casa —esto es para recordarles dónde viven–. Por el contrario, si estás tratando de librarte de un examante que te acosa, omite los imanes y apunta las puntas de los zapatos hacia la calle. También puedes usar este hechizo para un adolescente que parece haber olvidado dónde está su casa, un inquilino que no paga sus deudas o para mantener lejos a tu suegra (¡No me preguntes, las decisiones éticas son tuyas!).

- La misma idea se puede aplicar en la casa. Toma un par de zapatos viejos, coloca un imán en el lugar de cada dedo del pie, y ponlos debajo de la cama donde la persona duerme. Esto es para recordarles que deben dormir en su propia cama.

- Para evitar que tu pareja vague por otros rumbos, ata un fetiche (una pequeña muñeca rellena) en la parte inferior de la cama con el nombre de la persona.

- Envuelve una foto de tu pareja alrededor de una llave dorada. Dale poder para tener éxito en la relación. Añade un pedazo de hierbas de espicanardo para mantener fiel la unión. Entiérralo todo en una de las macetas de la casa. Riega la maceta con té de espicanardo cada treinta días.

- Si él te dejó y también se llevó a tu pequeño perro, consigue una vela amarilla, 3 pedazos de cuerda o hilo de bordar de 21 pulgadas, y 1 alfiler. Entierra el alfiler en la parte central de la vela y déjalo ahí. Ora para que esa persona no tenga paz ni descanso hasta que regrese y finalice la relación de manera positiva y constructiva. Duerme durante tres días, toma cada vez una de las cuerdas, (una por día) y anúdala tres veces, observando fijamente la vela amarilla encendida. Tira la cuerda a la calle. Repite el procedimiento hasta que las tres cuerdas estén en la calle. Las oraciones pueden ser dirigidas a santa Elena de Jerusalén, san Antonio, la madre Bendita, la madre de la Wicca, Breid, o, si hay niños involucrados, Diana o san José. Deja que la vela se consuma completamente al tercer día.

- Para mantener fiel a la persona, reúne 2 unidades de cada uno de los siguientes ingredientes: hojas de magnolia, flores de tila (fidelidad), romero (para que tú estés en su mente), lavanda (paz y armonía), y pétalos de rosa (amor). Pon a un lado las hojas de magnolia. Pulveriza las hierbas restantes. Coloca el polvo en una de las hojas de magnolia, cubre con la otra hoja y sella los bordes con la cera de la vela roja. Pon las hojas debajo del colchón de la cama donde duerme la persona.

- Para obtener fidelidad a través de la comida, añade albahaca al plato favorito de tu pareja. Sirve un postre de chocolate cargado con poder. ¡No olvides las velas!

- Toma la toalla que tu pareja haya acabado de usar después de bañarse. Corta una fina tira de la toalla de aproximadamente 1 metro. Frótate con la toalla. Haz tres nudos. Colócala debajo del colchón.

- Pon los nombres de los dos en un pedazo de papel. Colócalo debajo de un plato y pon una cebolla grande sobre el plato. Da poder para el amor. Mientras la cebolla crece, también crecerá el amor en el hogar (asumiendo que en principio no haya serios problemas).

Hechizo para el amante perdido

Tomando en consideración que tú probablemente estarás mejor si él o ella han hecho realidad la profecía de una triste canción sureña, siempre habrá alguna manera de usar este encanto para que resulte en el bien de todos.

Este hechizo funciona sorprendentemente bien en casos de personas desaparecidas o en situaciones donde tú necesitas información sobre alguien que ha fallecido (por supuesto, deberás cambiar un poco el texto del hechizo). También se puede utilizar para atraer a casa a la mascota predilecta. Otras situaciones incluyen alguien que ha violado una fianza y tú eres el responsable, un compañero de cuarto que se ha llevado tu estéreo, o un adolescente que después de una gran discusión decidió huir de casa.

Elementos: Pasionaria, rizoma de lirio de Florencia, 1 ladrillo de carbón de incienso (o un pequeño trozo de uno); varias hojas secas de matalí; 1 imán; papel marrón; cinta adhesiva o cera de vela; 1 platito blanco; 1 foto de la persona (si puedes conseguirla); 1 vela blanca; 1 cinta roja de 13 pulgadas; unas tijeras nuevas.

Instrucciones: Coloca los objetos en tu altar de amor. Límpialos, conságralos y dales poder. Para comenzar, primero debes eliminar de tu corazón cualquier odio arraigado. Para lograrlo, quema la pasionaria y el rizoma de lirio de Florencia sobre el ladrillo de carbón mientras lees lo siguiente:

Me siento junto a los ríos de amor y lloro mientras recuerdo aquello que fue íntegro, bueno y siempre armonioso. En esos días el sauce entonaba su canción mágica en su arpa de hojas plateadas, trayendo amor a mi vida. Ahora estoy en tierra extraña, un lugar de sufrimiento y dolor, y aunque me pidieron cantar las canciones de amor universal, no puedo alzar mi voz ni descargar mi corazón, tal es mi perturbación interior. Permíteme en lugar de eso recordar los nobles sentimientos de amor compasivo y la canción del corazón mientras baila en armonía con el viento. Aunque camino en medio de problemas, sé que la Señora me revivirá, que el Señor extenderá su mano amorosa contra aquellos que intenten hacerme daño, y las manos derechas de ambos me salvarán mi propia desesperación.

En tu altar de amor, envuelve el matalí y el imán en papel marrón. Sella con la cinta o la cera de la vela. Junto a tu puerta principal (en un lugar donde nadie toque los objetos), coloca el paquete de papel debajo del platito blanco. Pon la vela blanca cargada sobre el plato. Abre las tijeras y átalas para que permanezcan abiertas (esto es muy importante). Colócalas alrededor de la vela sin tocarla (una hoja de la tijera a la derecha y la otra a la izquierda). Enciende la vela enseguida.

Debido a la naturaleza de este hechizo, tus palabras son muy importantes. Debes ser específico en lo que deseas atraer hacia ti. Tal vez no sientas la necesidad de ver a tu compañero de cuarto otra vez, pero el poder recuperar tu estéreo sería muy bueno. En el caso de una mascota perdida, podrías decir el nombre del animal, y quizá poner también su juguete favorito junto a la puerta. Yo diría «sin importar donde esté Fluffy, él regresará a esta casa, de forma segura y saludable».

Una vez que hayas formulado específicamente tu deseo, pon las manos encima de la vela y visualiza la llama atrayendo a la persona o al objeto hacia ti. Podrías agregar la siguiente oración:

A la Sagrada Madre invoco a la hora de necesidad.
No dejes que la cara de *(nombre de la persona)*
se oculte de mí.
Busco a _____, y con tu ayuda lo/la encontraré.
Él/ella no puede abandonar la relación
sin una comunicación positiva ni conclusión.
_____ no estará perdido(a) nunca más, ni tendrá
paz o descanso hasta que esta situación
sea resuelta de la mejor forma posible.

Mantén la vela encendida, o préndela cada noche durante siete minutos, hasta que se acabe. Si la persona (o mascota) no ha regresado, ni has obtenido suficiente información, pon una vela nueva. Continúa con esta actividad hasta que recibas lo que pediste.

Nota: Cuando la persona haya regresado, no cierres las tijeras o las «Hermanas del Destino» podrían romper la relación permanentemente. Por otro lado, si sólo deseabas tu estéreo y tu antiguo compañero de cuarto apareció con él, recíbelo con los brazos abiertos y cierra las tijeras. Mejor aún, pon el estéreo en un lugar seguro y luego cierra las tijeras (¡pero no en el cuello de tu compañero!).

Para impedir que entre el mal, los practicantes de magia con herencia italiana, alemana o francesa, cuelgan las tijeras abiertas sobre la puerta de la entrada principal de la casa para cortar la negatividad. El salmo 16 también se puede emplear.

Hechizo «regresa a mí»

Como en el hechizo anterior, hay más de una forma de aplicar las energías de este trabajo mágico. Ejercita tu propia creatividad. Este procedimiento funciona bien para objetos perdidos además de personas y mascotas.

Elementos: Un pedazo de pergamino; una pluma roja; un espejo; una vela roja.

Instrucciones: Escribe tu nombre y el de la otra persona sobre un pedazo de pergamino. Dibuja tres círculos alrededor de los nombres sin separar la pluma del papel. Coloca el papel debajo del espejo con el frente hacia arriba. Pon la vela roja sobre el espejo. Enciéndela y piensa que la llama atrae a esa persona hacia ti; sin embargo, este hechizo tiene una importante cláusula si te estás concentrando en una persona:

> **¡Si no eres apropiado para mí, que al otro lado del mar te encuentres; que así sea!**

Hechizo «ven a mí»

Sí, este hechizo se acopla al aceite «ven a mí» del capítulo 2 (sin embargo, observa que lo puse en la sección de acompañantes aprobados –¿hmmm?–).

Elementos: Damiana (lujuria); galangal (lujuria); chile cayena (pasión); cilantro (para que actúe rápido); una vela roja.

Instrucciones: Mezcla las hierbas y pulverízalas. Rocía este polvo sobre tu acera, diciendo «ven a mí» al tiempo que lo haces. Debido a la fuerte naturaleza de este hechizo, sugiero que tengas en mente una persona en particular, pues no te gustaría que alguien inadecuado se aproximase a ti. Carga el resto en una vela roja. Déjala arder hasta el final. Puedes crear tu propio hechizo usando aceite «ven a mí» (*véase* página 50).

Vino de amor

¡Sirve este delicioso líquido en una noche romántica!

Elementos: 1 botella de vino tinto; ¼ de cucharadita de albahaca; moras de cubeba;[2] ligústico; raíz de betabel; 1 copa dorada; 3 velas: una rosa, una roja y otra amarilla.

Instrucciones: Remoja las hierbas en vino tinto durante siete días, cantando que la bebida sea dotada de amor divino por nueve minutos cada día. Filtra y remueve las hierbas. Entiérralas en el patio de atrás o en una maceta que contenga tierra de tu propiedad. Almacena en un lugar oscuro. Vierte un vaso de vino en una copa dorada durante la luna nueva. Rodea la copa con la vela rosa dedicada a la deidad, roja para la pasión y acción, y la amarilla para determinación. Las velas son tu ofrenda a la deidad. Bebe vino de la copa y concéntrate en la persona que amas. La misma noche, o poco tiempo después, compartirás el vino con tu pareja. Los dos debéis beber por lo menos un sorbo de la misma copa.

Nota: Consulta a tu médico antes de beber cualquier poción herbal.

---

2.   Éstas pueden ser obtenidas de Ray Malbrough, Candles Etc., P.O. Box 94, Carlisle, PA, 17013-0094.

Hechizo para soltar esos dedos tacaños

Ha habido muchas discusiones acerca de dinero en la historia de las relaciones, y en esta área la comunicación abierta es definitivamente necesaria, además de un plan financiero en el cual ambos estén de acuerdo. Sin embargo, ¿qué tal si tu pareja es de esas personas obsesionadas por el dinero, que se alarman con cada pequeño gasto? Ésta es una tensión que se puede eliminar fácilmente. Imagina que tú quieres un sofá, y que en verdad lo necesitas, pero sabes que tu pareja se va a quejar toda la vida si tú decides comprar el susodicho sofá. Ésta es una de las tensiones que tú te podrías ahorrar.

Elementos: Una vela verde (dinero) y una morada (poder). Frota las dos con tu aceite para dinero favorito (o aceite de maíz si no tienes nada mejor). Rueda la vela verde en diamantina dorada que haya sido dotada de poder para atraer dinero hacia ti. Rueda la vela morada en diamantina plateada dotada con poder para aumentar tu fuerza espiritual. También puedes rociar un poco de echinácea para fortalecer las velas. Además necesitarás un pedazo de papel y una pluma, y una hierba conocida como cordón del diablo.

Instrucciones: Escribe el nombre de la otra persona nueve veces en el papel. Escribe tu nombre once veces sobre los nombres anteriores. Esto es para recuperar tu poder. Coloca tu nombre debajo de la vela morada. Si necesitas cierta cantidad de dinero para alguna cosa, añade esto al hechizo escribiendo la suma requerida en otro papel, y lo colocas debajo de la vela verde, o puedes inscribir la cantidad directamente sobre la vela. Rueda en tus manos el cordón del diablo veintiuna veces, luego ponlo alrededor de la base de las velas. Enciéndelas, formulando tus intenciones en voz alta. Deja que se consuman completamente.

Hechizo para aumentar tu poder en una relación de negocios

Sin importar cuán duro trabajemos, de vez en cuando aparece esa persona que quiere apoderarse de la gloria, impresionando al jefe y dando a entender que tú no has hecho nada. Éste es un hechizo que pondrá a esa persona en el lugar apropiado.

Elementos: Cordón del diablo (hierba) o raíz de Juan el Conquistador; alcanfor; whisky; papel y pluma.

Instrucciones: Amasa la hierba varias veces en tus manos, pensando en cómo tu buen trabajo llegará a la cima gracias a tu mérito. Coloca la planta en una mezcla de whisky y alcanfor en cantidades iguales. Escribe el nombre de la otra persona sobre el papel, (o un resumen del problema) diecinueve veces. Escribe tu nombre encima veintiuna veces.

Coloca el papel bajo la mezcla de whisky y alcanfor. Pon las manos encima del vaso y, reza por lo menos once minutos, para que tu trabajo sea lo mejor posible y venza la negatividad de otros. Lleva las hierbas al trabajo. Frótalas en las manos antes de tocar la persona que está en tu contra o trata de beneficiarse con tus logros.

Cuando tu pareja agota tu cuenta bancaria

Tú tenías mil dólares la semana pasada en tu cuenta bancaria, y ahora el cajero muestra que tienes menos de cien, y te faltan dos semanas para cobrar... y por supuesto, los niños están de vacaciones toda una semana y no hay comida en casa. ¿Te suena conocido? Muchas familias atraviesan por esto, donde uno de los padres sin querer agota la cuenta bancaria. Esto desde luego puede afectar la vida sentimental de la pareja. Yo te sugeriría que te sientes a hablar seriamente con tu pareja acerca del presupuesto familiar, e incluso visites un asesor financiero si lo crees necesario, pero no está de más aplicar también un poco de magia práctica.

Elementos: Una vela morada (para poder personal); una vela azul (para la mayor vibración de la pareja); aceite Has No Hanna[3] que definitivamente te ayudará a mantener las manos sobre tu dinero. Lo sé por experiencia propia, ya que lo uso a menudo. Con cuatro niños, si no pones atención, estar en números rojos podría ser tan natural como

---

3. Ibíd.

respirar; un cheque en blanco o un estado de tu cuenta bancaria; 1 ancla (no, no la del USS Enterprise; una foto o un pequeño dije en forma de ancla te servirán); una vela negra (para eliminar un viejo hábito); tu aceite de destierro favorito; si se trata de un problema con la tarjeta de crédito, mira a ver si puedes rescatarla de tu pareja —si no puedes hacer eso, usa tu estado de cuenta.

Instrucciones: Este hechizo se puede practicar durante todo un mes. Durante una luna llena, frota las velas morada y azul con el aceite Has No Hanna. Pon las velas en la parte superior del cheque en blanco. Coloca la foto o la pequeña ancla encima del cheque. Enciende las velas. Mantén las manos sobre las llamas (no demasiado cerca) y di:

> **Madre Sagrada, ven aquí. Debido al gasto excesivo, camino en la sombra del hambre.**
> **Estoy acosado por los acreedores** *(si es el caso).*
> **Pido tu ayuda para reparar el daño ocasionado por** *(nombre de la persona)* **a mi crédito**
> *(o a mi cuenta bancaria, cualquiera que sea el caso).*
> **Por favor, dame una solución para evitar que me vuelva a ocurrir este problema.**

Deja que las velas se consuman completamente. En la oscuridad de la luna, un sábado si fuera posible, frota la vela negra con el aceite de destierro. Prenderás la vela para desterrar la deuda. Si el problema es con las tarjetas de crédito, colócalas debajo de esta vela, o usa el estado de cuenta de la tarjeta y pídele a la Madre que destierre la deuda. Deja que la vela se consuma completamente. Si las cosas están realmente mal, la mayoría de las ciudades tienen juntas locales de «deudores anónimos» listados en la guía telefónica. Llámalos.

Hechizo del adicto al televisor

Primero que nada esconde el mando del televisor. Mejor aún, ponle pilas descargadas. Cuando él te pida pilas nuevas, pon otras que ya no sirvan. ¡Está bien, sólo bromeo! El siguiente es un pequeño hechizo para ayudarte a sentirte más seductora, aunque el procedimiento es un tanto más complicado que algunos de los presentados en este libro.

Elementos: 1 taza de talco de bebé; 1 cucharada de rizoma de lirio de Florencia, pétalos de rosa triturados, clavos y romero (para que tú permanezcas en la mente de tu pareja); 3 velas anaranjadas (para atraer emoción hacia ti); aceite o perfume de amor; 2 pedazos de papel; 1 pluma; recortes de uñas o cabello de los dos (para usarlos como amuletos); 1 patata; 2 alfileres; 1 cristal de cuarzo claro por lo menos del tamaño de una moneda de 25 centavos de dólar; mortero; incienso de Afrodita (*véase* página 42). Para el baño: ¼ de cucharadita de sal bendecida, bicarbonato de sodio y sal de Epsom.

Instrucciones: Mezcla el talco, la raíz de lirio de Florencia, los pétalos de rosa, los clavos y el romero. Pulveriza la mezcla en el mortero hasta obtener un polvo fino. Frota las velas anaranjadas con aceite de amor. Enciende una vela y el incienso mientras tomas un baño para atraer el amor con los siguientes ingredientes listados (sal, bicarbonato de sodio, sal de Epsom). Mientras lo haces, piensa en atraer amor hacia ti y liberar cualquier negatividad que pudieras haber estado abrigando. Espera a secarte sin usar una toalla, luego aplica talco en el cuerpo con la mano, aplicándolo especialmente en los chakras (coronilla, frente, garganta, corazón, ombligo, plexo solar y la ingle). Algunos practicantes de magia también usan aceite de convencimiento, aceite de amor o perfume de amor en estos sitios, especialmente antes de ir a una cita o cuando desean atraer a la otra persona. Escribe tu nombre y el de tu pareja en diferentes pedazos de papel, en tu altar de amor. Coloca los recortes de uñas y cabello sobre vuestros nombres respectivos. Enrolla cada papel y sella con la cera anaranjada de una de las velas. Enciende la segunda vela, pidiendo atraer el amor a la pareja. Coge la patata y hazla rodar veintiuna veces en tus manos, pensando en amor, armonía y felicidad en tu relación.

Prende con un alfiler cada papel en la patata. Ponla junto a la vela anaranjada. Carga el cristal para atraer un amor de mayor nivel a tu relación. Reza de acuerdo a tu costumbre nueve minutos por lo menos.

Deja que la vela se consuma completamente. Pon la patata en un sitio seguro bajo la cama donde durmáis los dos. Después de siete días, repite el baño para atraer el amor y enciende la tercera vela anaranjada.

Advertencia: Éste es uno de esos hechizos de lento efecto que mencioné anteriormente en el libro. Sé paciente, muy pronto él empezará a buscarte a ti y no al mando del televisor.

Hechizo de la manzana de amor inmortal

En el mundo de la magia, la manzana simboliza amor, inmortalidad, el alma, curación, seducción y fertilidad. Las ofrendas de manzanas eran realizadas para diversas diosas en diferentes culturas (Diana, Deméter, Kore y Hera —griegas—; Cerridwen y manifestaciones de diosas célticas especialmente al ser llamadas debido a sus habilidades adivinatorias; la diosa Dame Holda —alemana— e incluso la Virgen María). Puedes pedirle a cualquiera de estas diosas que fortalezca tu relación.

Elementos: 1 manzana grande y completamente roja; 1 cuchillo afilado; los nombres de las dos personas que desean estabilizar su relación, escritos en un pedazo de papel junto a la imagen de un corazón; ¼ de cucharadita de miel, clavos y canela; 1 vela roja pequeña (para té); 4 velas votivas anaranjadas; aceite o perfume de amor; incienso de amor; 4 monedas nuevas de 25 centavos de dólar.

Instrucciones: Corta la parte superior de la manzana y haz un hueco (usa un cuchillo o una cuchara). Coloca el papel con los nombres en la fruta, luego cubre con las hierbas y la miel.

Inserta después la vela roja. Pon la manzana sobre tu altar de amor.

Rodéala con las cuatro velas anaranjadas frotadas con tu aceite o perfume de amor favorito.

Prende tu incienso de amor preferido. Enciende cada una de las velas votivas, llamando a los cuatro puntos cardinales, norte, este, sur y oeste, en ese orden. Pide por el fortalecimiento de tu relación desde cada dirección. Toma las monedas y muévelas con las manos, frotándolas veintisiete veces, pensando que mientras lo haces fortaleces tu relación. Coloca una moneda debajo de cada vela votiva. Pasa la manzana a través del humo del incienso de amor, repitiendo tu petición. Enciende la vela para té dentro de la manzana. Pasa la fruta cerca de las llamas de las velas votivas, una cada vez, empezando con el norte, visualizando el poder y la fuerza del amor llegando hacia ti y a la manzana. Deja que todas las velas se consuman completamente. Quita el tallo de la parte superior de la manzana y coloca la parte superior en su lugar original (con el contenido aún adentro, pero ahora la llama de la vela estará apagada). Entierra la fruta en tu patio trasero (o en una maceta si no tienes patio en tu casa), agradeciendo a la Diosa y pidiendo que esta reafirmación de amor sea otorgada en forma positiva en su propio tiempo y lugar. Sí, éste es otro hechizo que requiere paciencia.

Hechizo de nieve de año nuevo para revitalizar un viejo amor

Aunque no es necesariamente un día de fiesta mágico, la celebración del año nuevo en Estados Unidos ha penetrado el subconsciente de cada uno de nosotros. No hay razón para que tú no utilices esta noche de «novedad» colectiva para brindarle nueva energía a una antigua relación.

Elementos: 1 copa champañera de plástico (o 2, si tu pareja está de acuerdo con esto); confeti metálico; 1 olla grande con nieve (si el lugar donde vives no es de clima frío, no te preocupes, usa agua de manantial); tu incienso de amor favorito; aceite o perfume de amor; ¾ de cucharadita de sal; nieve sobre el suelo (opcional).

Instrucciones: Llena ambas copas con el confeti metálico con anticipación. Agrega tres gotas de aceite o perfume de amor a cada una. Dales poder para que traigan vitalidad renovada a la relación. Mezcla más confeti metálico con la nieve en la olla. Haz dos bolas de nieve (deja algo del material en el recipiente). Frota un poco de aceite o perfume de amor en las bolas de nieve. También puedes colocar dentro de ellas el nombre de los dos, para promover una relación amorosa y duradera con renovada vitalidad. Colócalas afuera de tu casa, junto a la puerta principal, diciendo:

**Cuando se derritan, nuestra relación
se fortalecerá en forma positiva.**

Añade ¾ de cucharadita de sal (¼ cada vez), a la nieve restante en la olla, concentrándote en la capacidad de limpieza de la sal y el agua. Rocía en la acera principal y trasera de tu casa. Cuando el reloj marque las doce, quédate de pie afuera junto a tu pareja, con las copas de champaña, miraos a los ojos, y tirad el confeti al aire, luego sellad el hechizo con un beso.

Nota: El confeti se ve hermoso sobre la nieve. Si te preocupan las criaturas peludas y plumadas, puedes usar alpiste, omitir el aceite y pasar las copas a través del humo del incienso de amor.

Hechizo para concebir un bebé mágico

Escribí este ritual hace varios años para una mujer a quien le habían dicho que no podía concebir. Su hijo tiene ahora siete años. Sé de otras dos mujeres que usaron el ritual con el mismo éxito.

Elementos: 1 muñeca de trapo, hecha por ti misma; 1 cuchara si quieres una niña, 1 tenedor si prefieres un varón (pero recuerda, el Espíritu te enviará el bebé deseado, el género no es lo importante); 2 velas azules y blancas (para colocar en los cuartos de tu círculo ritual); 1 tazón con granadas; Galium fragante (mezcla de paja y flores secas usada para rellenar muñecas, opcional. Asociación Venus, elemento agua). Para el baño ritual: 1 cucharadita de canela en ½ litro de agua (**Nota:** la canela puede irritar la piel sensible de algunas personas; úsala con cautela).

Instrucciones: Toma el baño ritual, agregando la canela limpiadora al agua. Mójate en el agua caliente, liberando toda la negatividad de tu cuerpo. Lo mejor es que tu compañero esté de acuerdo con el baño y el ritual, pero si tu pareja no quiere, no hay problema. Conocí un caso en el que la mujer llevó a cabo la operación sin la ayuda de nadie. Chupa una de las granadas mientras te bañas, visualizándote en un estado conducente al embarazo.

Haz el círculo mágico con el propósito expreso de pedir un bebé sano y mágico. Enciende las velas en los cuartos del círculo, empezando con el norte y finalizando con el oeste, pidiendo de nuevo bendiciones del ritual desde cada elemento y formulando tu propósito de pedir un bebé con la dirección espiritual.

Coloca la muñeca sobre el Galium, junto al tazón de frutas en el centro del círculo. Ofrece las frutas al Espíritu, haciendo la petición de un bebé mágico. Coloca el tazón en el norte, cerca de la vela en la misma posición. Regresa al centro del círculo (caminando siempre en el sentido de las manecillas del reloj cada vez que debas moverte dentro de él). Si los posibles padres están en el centro del círculo, uno debería estar junto a la cabeza de la muñeca y el otro en los pies, poniendo las manos dirigidas hacia la muñeca. De nuevo, haz la petición.

Visualiza al Espíritu descendiendo al círculo y habilitando la muñeca para que te traiga un bebé mágico. Lentamente, la pareja se agachará con las manos unidas, hasta que éstas toquen la muñeca. Juntos, y aún con las manos unidas, por debajo de la muñeca (éste es el acto simbólico en que los padres deben alimentar al bebé mientras siguen siendo una pareja comunicativa) la levantarán al mismo tiempo que ellos se levanten juntos. Lentamente, la pareja se mueve mientras presionan la muñeca entre ellos, simbolizando el proceso de fertilización y la entrada del niño al cuerpo de la madre.

Cuando la pareja esté lista, deberá besarse.

Juntos, llevarán a la muñeca a cada uno de los cuatro puntos cardinales, pidiendo las bendiciones de los elementos. Regresarán al punto norte y pondrán la muñeca sobre el tazón de frutas. Coloca la cuchara (o el tenedor) en el punto norte, pidiendo el género específico (o, si lo deseas, no tienes que especificar el género), pero asegúrate de indicar que cualquier sexo será aceptado. Da gracias al Espíritu, luego libera los cuatro puntos cardinales y, finalmente, el círculo.

Pon la muñeca y la cuchara o el tenedor bajo la cama matrimonial, y déjalos ahí durante todo el embarazo. Las frutas deben quedar afuera como ofrenda al Espíritu. Pon el Galium afuera de la puerta principal. Cuando debas ser llevada al hospital para dar a luz, lleva la muñeca. Si es posible, déjala en la sala de partos. Cuando el bebé regrese a casa, coloca la muñeca sobre la cabecera de la cuna del niño para protección adicional contra enfermedades.

El hechizo se desarrolla mejor un lunes o un domingo. Nunca lo hagas un sábado (destierro), ni tampoco vayas a que te hagan inseminación artificial este día.

Nota: Muchos practicantes de magia prefieren colocar la estatua de una madre embarazada sobre sus altares cuando trabajan para promover la concepción de un niño, y a menudo hacen ofrendas al Espíritu, con la estatua como punto de enfoque, durante el embarazo.

Hechizo para estimular una relación

¡Y tú pensabas que la diosa Cafeína era un chiste!

Elementos: Un tarro lleno de café fresco; un marcador rojo.

Instrucciones: Un martes, a la hora de Marte (si puedes), voltea el tarro de café, sin destapar, y dibuja el símbolo de Marte (♂) y la runa Gyfu (✗) en la parte de abajo. Ábrelo. Masajea (sí, por supuesto) el café durante por lo menos siete minutos, concentrándote en despertar tu relación, agregando ánimo y emoción positiva. ¡Prepara una cafetera y sirve!

Nota: Los granos de café son un excelente activador para hacer que cualquier hechizo actúe más rápido; sin embargo, el café líquido se usa para «enturbiar las aguas» y traer confusión en otros procedimientos de hechizos. El agregar vinagre y leche agría la situación.

Hechizo de atracción[4]

¡Este hechizo ayuda a conseguir que la persona amada se fije en ti!

Elementos: 1 foto tuya o de tu amado(a); 4 rocas de río; 2 cornalinas; 2 cristales de cuarzo rosado; tu anillo de diamante (de compromiso); 1 cristal de cuarzo claro de doble terminado; 1 vela anaranjada y 1 vela roja; aceite o perfume de atracción; incienso de atracción.

Instrucciones: Arregla tu altar y coloca la foto enfrente. Pon las cuatro pequeñas piedras de río (una en cada punto cardinal) sobre la foto, aproximadamente a 1/8 de pulgada del borde. En el noreste y suroeste pon las cornalinas. En el sureste y noroeste coloca los cristales de cuarzo rosado. Pon el diamante sobre la cara de la persona. Ubica el cuarzo de doble terminado sobre el pecho, mirando de este a oeste. Por último, pon tus velas (que han sido frotadas con aceite o perfume de atracción) en el norte (anaranjada) y sur (roja) de la foto.

---

4. Tomado de The Little Black Book de lord Ian Markiv.

Prende el incienso, luego mueve el quemador tres veces sobre la foto en el sentido de las manecillas del reloj, enseguida pon el incienso sobre el altar. Enciende la vela anaranjada, luego la roja, diciendo:

Luz de cristal y vista poderosa,
Juntas estáis aquí
y juntas trabajaréis
para atraer a mi ser amado.
Por las gemas del Padre
y la luz de la Madre,
que ningún obstáculo se interponga
en el deseo de mi corazón.
Con cristal y luz de unión,
que mi amado(a) llegue a mí.
Con cristal y luz de unión,
que mi amado(a) llegue a mí.
Con cristal y luz de unión,
que mi amado(a) llegue a mí.

Date cuenta de que el poder interno de los cristales empieza a brillar, como una luz en un túnel que lentamente se hace más intensa. Observa cada piedra con su color único. Mira el núcleo de las piedras rodeado por una luz de neón que empieza en el diamante, pulsa hacia afuera y fluye en el sentido de las manecillas del reloj a través de todas las piedras. Cuando todas estén unidas en el ojo de tu mente, visualiza la cara de tu amado(a) en el brillo del cristal, e imagina que sólo tiene ojos para ti. Cuando la imagen esté bien clara, libera el poder acumulado en las piedras y visualiza cómo se lanza rápidamente hacia el universo.

Lleva el diamante contigo, preferiblemente como parte de una joya visible. El diamante actuará como una señal luminosa para tu ser amado.

Nota: Éste es un hechizo poderoso. Asegúrate de poder escapar si lo necesitas, si no te gustan los beneficios que recibirás con el hechizo.

Hechizo para hacerse notar

Si sientes que tu pareja no sabe que estás respirando, entonces ensaya este hechizo.

Elementos: La música de la película *Bolero;* 2 velas amarillas; 2 velas anaranjadas; aceite de amor, perfume, o aceite de maíz; incienso de amor; papel blanco; 1 pluma roja; 1 plato rojo; 1 vela con figura (masculina para que un hombre se fije en ti, femenina para atraer a una mujer); ¼ de cucharadita de eufrasia, lavanda y romero; 1 cristal de cuarzo claro; 1 pedazo de cinta blanca suficientemente ancha para escribir sobre ella; 1 bolsa de conjuros roja.

Instrucciones: Escucha la música mientras desarrollas este hechizo. Escribe tu nombre en una de las velas amarillas y en una de las velas anaranjadas. Frota con aceite de amor, perfume, o aceite de maíz. Escribe en las otras velas el nombre de la persona que deseas que se fije en ti. Asegúrate de añadir a tus pensamientos «esta persona o alguien mejor» mientras te concentras en grabar los nombres en las velas. También haz el signo de Venus para el amor (♀) en las dos velas. Pasa las cuatro velas a través del incienso de amor. En un pedazo de papel, usando la pluma roja, escribe el nombre de la otra persona veintiuna veces, y en la parte inferior escribe «esta persona o alguien mejor». Coloca la vela de figura sobre tu altar de amor. Pon el plato rojo a los pies de la vela. Coloca el papel con los nombres escritos sobre el plato, con la parte escrita hacia arriba. Cubre con las hierbas. Dale poder al cristal de cuarzo para atraer a esta persona o a alguien mejor. Pon el cuarzo sobre las hierbas. Coloca las velas anaranjada y amarilla alrededor de la vela de figura y del plato. Escribe tu nombre en el centro de la cinta. Ponla sobre los ojos de la vela de figura, con tu nombre hacia los ojos. Ata fuertemente. Corta los extremos de la cinta. Enciende las velas anaranjada y amarilla, pidiendo que esta persona (o alguien mejor) se fije en ti. Podrías decir:

Sólo tendrás ojos para mí
a menos que el Espíritu no quiera que seas para mí.

(Confía en mí, necesitarás una salida). Prende las velas anaranjada y amarilla cada día durante una semana. En el séptimo día, deja que se consuman completamente, quita la venda y colócala en la base de la vela de figura. Repite el canto. Deja arder la vela de figura hasta que se acabe. Guarda los restos de todas las velas y las hierbas. Coloca todo en una bolsa de conjuros. Lleva la bolsa contigo todo el tiempo.

Hechizo para cuando no te sientas amado

Las emociones son engañosas, a veces sentimos que no nos quieren cuando en realidad hay muchas personas que nos quieren mucho. Este hechizo es para atraer el amor hacia ti de forma notoria.

Elementos: Sal de compras y consigue una tarjeta que exprese los sentimientos de amor que sientes necesitar en tu corazón; 1 imán o una magnetita; engrudo.

Instrucciones: Pega el imán en el respaldo de la tarjeta. Pon las manos sobre la ilustración, visualizando cómo la carta se convierte en un vórtice amoroso, que te suministra la cantidad correcta de amor que necesitas (no exageres, por favor). Frota los dedos sobre la ilustración o los sentimientos durante nueve minutos, pensando en atraer hacia ti lo que más necesitas. Pon la tarjeta en un sitio visible (sobre la nevera, tu escritorio, el televisor, etc.).

Nota: También puedes rociar agua en tu casa para atraer amor. Remoja pétalos de rosa y mirto en agua de manantial durante tres días. Filtra. Desecha las hierbas. Usa el agua cuando lo creas conveniente.

Manejar las emociones

Una de las mejores cosas que he aprendido es manejar mis sentimientos de manera práctica. Por ejemplo, aprendí cómo decirle a mi esposo «cuando me dices esto, me haces sentir de esta manera». Esa pequeña frase ha evitado muchas discusiones en nuestro hogar. También aprendí a examinar mis emociones mientras las estaba sintiendo. Por ejemplo, si estaba preocupada por dinero, y por esa razón actuaba de manera agresiva con las personas, no me llevaba mucho tiempo el descubrir que debería observar mis sentimientos, reconocer que los tenía, y luego librarme de ellos.

A veces es de ayuda convertir esos sentimientos en visualizaciones. La ira se convierte en una bola roja que puedo empujar. El miedo aparece como una bola negra que saco del ojo de mi mente con una sacudida de mi brazo. La tristeza es una bola azul que dejo que desaparezca de nuevo en la tierra. Estoy segura de que si experimentas esto, podrás crear grandes visualizaciones que pueden mejorar tu vida y reducir el estrés.

Escudo contra la furia del camino

¡Hemos oído hablar mucho acerca de esto últimamente! Todos en mi casa tienen la estatua de un ángel guardián sobre el salpicadero del automóvil para proteger a los ocupantes de sus vehículos, el siguiente fetiche acompaña al ángel.

Elementos: 2 pedazos pequeños de papel pergamino; tu fecha de nacimiento; 1 pluma roja; 1 vela azul; 1 vela blanca; incienso para atraer al amor de tu elección; aceites de la siguiente variedad: La Flamme, French Creóle, de convencimiento (puedes encontrarlos en la mayoría de las tiendas de botánica), o tu propio aceite o perfume de amor; 9 cuentas doradas; 2 fotos de tu automóvil; 9 plumas blancas o azules; 1 cuerda dorada de 21 pulgadas de largo; goma de pegar; hierbas de amor pulverizadas o una mezcla de clavo y lirio de Florencia.

Instrucciones: Escribe tu nombre y fecha de nacimiento en los dos pedazos de papel pergamino. Dibuja un corazón alrededor de tu nombre en ambos pedazos de papel. Pasa las velas y los papeles a través del humo del incienso para atraer amor. Frota el aceite que escogiste en las velas. Frota también las cuentas y luego límpialas. Coloca un papel y las fotos de tu automóvil debajo de cada vela. Enciende las velas, diciendo:

> **Enciende la llama, ardiente fuego del amor,**
> **que la protección sea un deseo cumplido.**

Pasa las plumas, las cuentas y la cuerda a través del humo, repitiendo el conjuro. Ata un nudo alrededor de una de las plumas aproximadamente a una pulgada del extremo de la cuerda (la goma ayudará a sostener la pluma en su lugar), luego ensarta una cuenta. Mientras haces esto, di: «Con el primer nudo, este hechizo ha empezado...» y repite el conjuro «enciende la llama...» hasta que hayas hecho el nudo y las plumas y las cuentas estén firmes. Continúa con este proceso mientras haces los ocho nudos restantes:

Con el segundo nudo, mi sueño se realiza.
Enciende la llama...
Con el tercer nudo, el amor llega a mí.
Enciende la llama...
Con el cuarto nudo, el amor está seguro.
Enciende la llama...
Con el quinto nudo, este hechizo está vivo.
Enciende la llama...
Con el sexto nudo, el hechizo se ha consumado.
Enciende la llama...
Con el séptimo nudo, la protección se realiza.
Enciende la llama...
Con el octavo nudo, mi destino se ha sellado.
Enciende la llama...
Con el noveno nudo, amor divino.
Enciende la llama...

Poniendo la mano encima de las llamas (ten cuidado de no quemarte). Haz cuatro veces el pentagrama de invocación (página 101) en el aire sobre las velas, repite la bendición que se encuentra en *Grimoire of Shadows,* de Lady Sheba:

Llamo a la tierra para que ate este hechizo.
(Haz en el aire el pentagrama de invocación).

Y al aire para acelerar tu viaje.
(De nuevo, haz el pentagrama).
Y al fuego para darle espíritu de arriba.
(Pentagrama).
Y al agua para manifestar este hechizo con amor.
(Pentagrama).
Y al Espíritu para llevarlo en el tiempo y el espacio.
(Pentagrama).

Golpea la mesa cuatro veces para sellar el hechizo. Pasa el fetiche sobre las llamas, repitiendo una vez más el conjuro. Golpea la mesa cuatro veces. Deja que las velas ardan hasta que se consuman completamente. Espolvorea hierbas amorosas sobre el fetiche, luego colócalo solo o atado al ángel guardián dentro del carro. Renueva el encanto cada tres meses.

¡Regresa a ti!

El usar espejos para desviar la energía negativa es una práctica común en el mundo de la magia. Cuando mi hija empezó a tener problemas en el trabajo, convirtiéndose en el blanco de mujeres mayores que no tenían nada mejor que hacer, decidió usar el amor y la capacidad reflexiva de un espejo circular para resolver el problema. Le dio poder al espejo, pensando en la energía de amor universal, cantó «¡regresa a ti!» mientras se balanceaba y sostenía el espejo. (Tú puedes agregar la energía del Sol, o de Sekhmet). Al día siguiente, y durante siete días consecutivos, llevó el espejo a su lugar de trabajo y lo colocó frente a ella sobre la mesa. Cada vez que una de las señoras trataba de molestarla (o le chismeaba al supervisor alguna infracción inexistente), mi hija tocaba el espejo y sonreía, pensando «regresa a ti».

¿Es tu amante sincero?

Si sientes que debes saber la verdad, y tu pareja no está dispuesta a confesarla, entonces es cuando mirarás hacia el Espíritu para saber la verdad de la situación.

Elementos: Un té herbal de tu elección, que alivie la tensión nerviosa; eufrasia; manzanilla; 1 ojo de gato (piedra); agua; bolas o cojinetes de algodón.

Instrucciones: Prepara el té herbal y bebe. Remoja la eufrasia y la manzanilla en agua caliente durante quince minutos. Pasa la piedra de ojo de gato sobre el vapor de las hierbas en infusión durante cinco minutos, pidiéndole al Espíritu que manifieste la verdad de la situación. Después que la mezcla herbal se haya enfriado, rocíala sobre las bolas o cojinetes de algodón. Coloca los cojinetes sobre tus ojos cerrados y concéntrate en abrir tu tercer ojo (el punto chakra en el centro de tu frente). Practica durante siete días. Carga en tu bolsillo el ojo de gato. Finalmente, te enterarás de la verdad. Si deseas continuar este ejercicio para habilidades psíquicas en general, experiméntalo durante treinta días consecutivos por lo menos. Si dejas de hacerlo un día, deberás comenzar todo de nuevo.

Amor y astrología

Las siguientes son algunas ideas que te ayudarán a diseñar tu magia, que tendrá tu propio sello astrológico. Para trabajar con estas sugerencias necesitarás una copia de tu carta natal.

- Graba tu nombre sobre una vela verde. Cárgala para armonía personal. Colócala en un candelero en el centro de tu carta. Enfócate en ti mismo y en las energías tuyas que la carta representa. Pídele al Espíritu que estas energías fluyan en armonía con el universo. Repite tu petición tan seguido como lo desees.
- Haz hechizos de amor cuando la Luna esté en el signo donde yace tu Venus natal, o cuando Venus visita ese mismo signo.
- En el centro de tu carta natal, coloca la carta «los enamorados» de una baraja de tarot. En la segunda casa (la casa de los valores), coloca el nueve de corazones, el dos de corazones, y el as de corazones de una baraja normal sobre la carta natal. Da poder para atraer hacia ti lo que más valoras.
- Cuando la Luna esté en el signo sobre la cúspide de tu séptima casa (la casa de asociaciones y amistades estrechas), realiza los hechizos de amor.

- Borda tu carta astrológica sobre una tela y colócala en el centro de tu altar de amor para personalizar todos los hechizos que te involucren. O bien, si tú eres como yo, evítate trabajo y pega la carta en un trozo de madera.
- Carga con poder las piedras preciosas y ponlas en las diferentes casas de tu carta natal, de acuerdo con tus deseos.

Hechizo para medir tu felicidad

Lo creas o no, el Espíritu nos da a cada uno de nosotros un termómetro de felicidad cuando nacemos. Tu termómetro está ligado a tus talentos innatos. Si a ti te gusta escribir, y puedes hacerlo, entonces tu termómetro se eleva. Lo mismo sucede si te gusta cantar, la música, los coches, o hablar en público. El termómetro de felicidad también está asociado de algún modo a nuestra misión general en la vida. Lo que te hace a ti feliz, es el camino que el Espíritu normalmente quiere que sigamos en el curso de nuestro viaje por la tierra.

Este hechizo se puede usar antes, durante o después de que hayas empleado tus talentos. Los únicos requerimientos son tu libro favorito de poesía inspirativa y una cinta color de rosa.

Antes de leer el material, pon las manos sobre el libro cerrado e imagina que, mientras lees las palabras, cada sílaba, cada matiz, cadencia y tono se elevan al aire, formando un vórtice sobre tu cabeza –tu propósito es inyectarte el éxito que requieres al usar tus talentos–. Pon la cinta color de rosa en la página que acabas de leer y cierra el libro. Tira de la cinta a través del libro y hacia ti, visualizando el éxito del que disfrutarás al usar los talentos que vendrán a ti. Practica todas las veces que quieras. Ensaya diferentes libros, hurga en el pasado de los grandes poetas y escritores inspiradores. ¡Tal vez puedas expandir tus horizontes mientras trabajas con tu termómetro de felicidad!

Prácticas para el amor «pow-wow» de los alemanes en Pensilvania (Pensilvania Dutch)

Los colonizadores alemanes tenían una riqueza de folklore mágico que abarcaba la curación, las actividades agrícolas, la muerte y, por supuesto, la atracción de una persona a otra. Pow-wow (que significa «el que sueña» y que se asocia con el encantamiento positivo) es un sistema de magia popular. Las siguientes son algunas de las claves mágicas que te pueden resultar útiles a lo largo de tu camino encantado.

- Muchos granjeros de descendencia alemana localizados en Pensilvania creían que los cuernos de la Luna tenían un poder especial. Cuando los cuernos de la Luna estaban hacia arriba (la ascensión de la Luna), se creía que este cuerpo celestial ayudaba a crear una fuerza ascendente. La magia enviada al universo se hacía en ese momento, para eliminar energías indeseadas o transmitir un mensaje mental a un ser amado. Cuando los cuernos de la Luna apuntaban hacia abajo (el descenso de la Luna), una fuerza descendente estaba presente, permitiéndole al practicante de magia atraer las cosas hacia él o introducirlas profundamente dentro de la tierra.

- Se decía que si las parejas se casaban durante el período de luna llena tendrían muchos hijos.

- El mejor tiempo para cortarse el cabello era durante la Luna en Leo, si se deseaba conseguir una buena apariencia.

- La mejor temporada para comprar una casa bonita será cuando la Luna esté en Leo, Cáncer o Tauro.

- Para sellar tu amor con otra persona de manera positiva, toma tres plumas de la cola de un gallo y presiónalas tres veces en la palma de la mano de tu pareja. Para sellar la magia, besa a tu amante o pareja tres veces. Guarda las plumas como un talismán de buena suerte.

- Para restaurar el vigor sexual, toma un huevo fresco y vierte aceite de cocina sobre él. El aceite se debe verter hacia abajo, sobre el huevo en agua corriente, nunca hacia arriba. Abre un poco el huevo, llévalo donde haya hormigas rojas, y entiérralo (ten cuidado de no dejarte picar por las hormigas). Tan pronto como las hormigas hayan devorado el huevo, la persona débil tendrá la fortaleza y el vigor que antes poseía.

- Fósforos quemados y fríos colocados en una cama o caja de flores fuera de la casa, romperán la energía negativa que podría arruinar a un matrimonio.

- Si sueñas con un funeral, una boda se avecina.
- Si una persona está ansiosa por casarse, deberá alimentar al gato de la familia en su zapato derecho.
- En vísperas de Navidad, pon un pan en el patio y déjalo toda la noche. En la mañana el pan, mojado con el rocío de la mañana de Navidad, se corta y cada miembro de la familia come un pedazo para asegurar salud y felicidad en el hogar hasta la siguiente Navidad.

Hechizo del alfabeto

Para conservar el amor en nuestras vidas, ya sea que estemos hablando de nuestra pareja, amigos, parientes o mascotas, debemos esforzarnos por actuar de forma positiva y espiritual todos los días. Naturalmente, éste no es un patrón de comportamiento fácil para ninguna persona. He aquí un hechizo que te ayudará a convertirte en una mejor persona a través de tus propias elecciones, y al mismo tiempo, a atraer de manera positiva el amor que deseas.

Tiempo apropiado: Desarrolla el hechizo en una luna llena o nueva; si eso no es posible, empieza un viernes, el día que pertenece a la diosa Venus.

Elementos: 1 recipiente a prueba de fuego; 3 pétalos de rosa secos; tu perfume favorito (el perfume se convierte en «el sello» del hechizo); 1 bufanda rosa; 25 tarjetas; 1 vela rosa; 1 copa con 3 onzas de miel; 1 marcador rojo.

Instrucciones: Antes del día programado para realizar el hechizo, siéntate en un lugar privado y tranquilo. De la A a la Z, escribe una letra en cada una de las tarjetas usando el marcador rojo, y deja en blanco la tarjeta 25. A lo largo del mes, después que el hechizo se haya realizado, deberás continuar trabajando con las tarjetas. Sobre el reverso de la primera tarjeta, escribe una cualidad que te gustaría conservar o introducir en tu vida y que comience con la letra A.

Puede utilizar más de una palabra, cuanto más específico seas, mejor. Haz una lista de costumbres indeseadas que te gustaría eliminar en el reverso de la tarjeta B. Continúa escribiendo los rasgos que te gustaría adoptar en tu vida en las tarjetas marcadas con las letras C a la Z. Deja en blanco la última tarjeta. Esto llevará algún tiempo. Cuanto más te concentres, mejores serán los resultados del hechizo.

Durante una luna llena o nueva, pon una pequeña gota de tu perfume sobre la vela rosa, y sobre cada una de las tarjetas y di:

Sello este deseo con mi firma.

Si es luna llena, lleva la vela, la bufanda color de rosa, los pétalos de rosa y las tarjetas, afuera o cerca de una ventana donde puedan absorber la luz de la luna llena, y pídele ayuda en tu petición a la divinidad que tú elijas. Deja que los elementos permanezcan bajo la luz de la Luna durante tres minutos aproximadamente. No te preocupes si está nublado, de todos modos puedes realizar el hechizo. Si es luna nueva, pon tus manos sobre los elementos y pídele nuevos comienzos a tu deidad escogida.

Realiza el hechizo en un lugar privado, donde no puedas ser interrumpido. Coloca las tarjetas bajo la vela color de rosa. Enciende la vela y di:

Amor es poder, el poder es amor.

Repite esta oración hasta que te sientas feliz y lleno de paz. No importa el tiempo que te lleve. Una vez que te sientas en paz, pon las manos sobre la tarjeta en blanco y visualiza exactamente el tipo de amor que deseas atraer hacia ti. Recuerda, el amor no es sólo tener sexo o encontrar a una pareja —el amor puede abarcar los sentimientos que tienes por tus hijos, tus padres, tus amigos o tus compañeros de trabajo—. El amor es un maravilloso motor que puede crear notables cambios en la vida de una persona.

Una vez que termines de visualizar, quema la tarjeta en blanco en el recipiente a prueba de fuego. Deja que la vela se consuma completamente. Frota las cenizas al viento. Pon la miel afuera como regalo a tu divinidad elegida.

A lo largo de todo el mes, trabaja con las veinticuatro tarjetas restantes. Medita con ellas, lleva una o dos en tu bolsillo o en tu bolsa, o coloca una cada noche bajo tu almohada. Cuando no estés trabajando con tus tarjetas de amor, envuélvelas en la bufanda con los tres pétalos de rosa secos. El color rosa y los pétalos de rosa son símbolos universales de amor, y por consiguiente se conectan con la esencia divina de la energía.

Si al final de veintinueve días no has atraído lo que deseas hacia ti, repite el hechizo. La magia es el arte del equilibrio. Puede llevarte de tres a seis meses el obtener exactamente lo que deseas, ya que el cambio puede ocurrir en muchos niveles antes de que tú lo veas en forma física.

¡Muchas bendiciones para ti!

4
Descartándolo

Ya sea que desees tener una nueva relación, una amistad, o un poco de diversión y pasión, como un artista que requiere de un nuevo lienzo o papel blanco, tú necesitas crear un ambiente limpio para construir la relación que deseas. He aquí algunos consejos prácticos que te ayudarán a formar una base sólida para el amor, o a eliminar de tu vida los vestigios de una antigua relación.

- Deshazte de todos los objetos circulares provenientes de experiencias en relaciones tristes del pasado. Un círculo posee poder, y por consiguiente los brazaletes, pendientes, collares, anillos, copas u otros objetos redondos contienen un registro de energía vivo de cualquier relación antigua. Si quieres conservar algo, siéntate y considera seriamente tu deseo. Después de pensarlo bien, podrás darte cuenta de que estás poniéndote obstáculos a ti mismo al retener viejas esperanzas, temores o dolor. Si el objeto es tan valioso que piensas que no tienes elección, (sí la tiene, pero...) y es metal, puedes hervir el objeto, aplicarle vinagre y luego congelarlo durante cuarenta y ocho horas. Ponlo en una caja de seguridad (fuera de tu casa o apartamento). Ya que estás realizando esta tarea, si encuentras cualquier cosa que no hayas usado en siglos, deshazte de ella. La regla a seguir es, si no lo has usado en dos años, tíralo.

- No olvides las fotografías viejas. Si hiciste un viaje a las Bahamas con alguien que abusó físicamente de ti, ¿para qué conservar las fotos de esas vacaciones? Si tu esposa te dejó por tu mejor amigo, y tú te quedaste con fotos y recuerdos de la boda, ¿para qué los conservas? Moja las fotos en alcohol para friegas y añade tres gotas de vinagre. Ponlas en una olla a prueba de fuego y quémalas. Canta: «Id al lugar de vuestro destino, y nunca regreséis».

- Una ducha espiritual para eliminar la negatividad siempre es una buena idea. Antes de hacerlo, corta por la mitad una lima y un limón frescos. Pon las manos sobre las frutas antes de entrar a la ducha. Pide eliminar la negatividad y recibir las bendiciones del amor universal. Después de utilizar tu jabón y enjuague, exprime el jugo de las frutas sobre tu cuerpo, respira profundamente y contempla cómo tu cuerpo se libera de la negatividad, luego piensa en atraer el amor universal. Enjuágate. Esta ducha es especialmente efectiva si se efectúa a la luz de una vela, y es buena como estimulante semanal o cuando nos sentimos tristes. Algunas modelos famosas llevan limones en sus bolsos como un refrescante y tonificador cutáneo, además el agua con limón es un gran refrescante para el aliento. Usando el humo de incienso de salvia o benjuí, prosigue con el ahumado espiritual.

- Regala, tira o quema la ropa que tenga vínculos negativos con el pasado. Regla general: si no la has usado en dos estaciones consecutivas, deshazte de ella.
- Quema cartas, documentos, viejas tarjetas y otros recuerdos de papel que no sean importantes. Cuanta menos acumulación de papel haya, el ambiente será más saludable y te será más fácil organizarte.

Para romper el efecto de un hechizo de amor

Únicamente algunos de los hechizos que aquí menciono tienen su propia puerta trasera para que tú puedas liberar lo que has conjurado. Hay hechizos que funcionan mejor si tú mismo diseñas esta salida de emergencia.

De acuerdo a algunas de las mejores mentes mágicas del país, es mucho más difícil romper un hechizo de amor que realizarlo. Se dice que lo lógico es que el hechizo de amor sea diseñado para hacer salir y reproducir temporalmente los sentimientos de los que uno disfruta al enamorarse; por consiguiente, puede ser mucho más sabio dejar simplemente que las energías sigan su curso, en lugar de intentar entrometerse en lo que ya haya comenzado. El enamoramiento normal (si podemos llamarlo normal) dura aproximadamente tres meses. La parte difícil, según los expertos, es cuando un hechizo de amor se realiza con la idea de retener a alguien. Muchas veces es difícil controlar estos tipos de hechizos, especialmente si tú de inmediato te das cuenta de que lo que pensabas encontrar en esta persona era realmente una quimera, y después tratas desesperadamente de resistir el hechizo que has realizado. Ahora te encuentras luchando contra tu propia percepción del amor, un poderoso enemigo, por supuesto.

He conocido muchas hechiceras que han tenido que lidiar con un novio o novia que se ha convertido en una molestia porque la persona mágica se metió con la libre voluntad de alguien. Ésta es la forma en que el universo dice «es tiempo de pagar con la misma moneda».

Ya que el amor no ocurre en un día, tampoco terminará en un día. El amor, al igual que otros tipos de emociones humanas, es un proceso a través del cual maduramos. Si la creación de la energía del hechizo ha requerido de un mes, no se puede apagar como si fuera una luz eléctrica. Tal vez llevará el mismo tiempo hacer decrecer esa energía (o quizá más). Ésta es la razón por la cual la mayoría de los practicantes de la magia le piden que no te desesperes y permitas que el hechizo trabaje.

Si sientes que realmente debes hacer algo al respecto, he aquí algunas sugerencias útiles que podrías llevar a cabo.

- El primer método para romper un hechizo de amor hecho por ti es «desencantar» los objetos utilizados y devolverlos a la tierra, murmurando «idos con amor, paz y tranquilidad». Si los efectos de lo que has hecho son malos (¡umm!), entonces tal vez necesites verter vinagre u orina (es desagradable, pero funciona) sobre polvo de ladrillo, y colocarlo afuera de tu puerta principal.

- Otro método es quemar una vela reversible (de dos colores, uno arriba y otro abajo), pidiendo una inversión de la situación. Sé cuidadoso porque podrías invertir otras cosas en tu vida que han estado funcionando bien –sé específico en tus palabras–. Si empleaste un arquetipo particular, entonces será a él a quien deberás hacer tu petición de inversión. Si tienes miedo (espero que la situación no haya llegado hasta este punto), entonces será necesario hacer un hechizo de protección y actuar mundanamente para liberarse del alcance de otra persona.

Finalmente, he aquí un rápido hechizo para que deshagas lo que has hecho (en caso de que estés desesperado).

Hechizo de un amante fracasado[1]

Este hechizo sólo funciona con personas que llegaron a ti después de haber desarrollado un trabajo exitoso para conseguir un nuevo amante, y que resultaron ser menos de lo que esperabas. Hey, ten cuidado, en realidad obtendrás lo que has pedido.

---

1. MorningStar, Black Forest Clan, Coven del Pale Horse, © 2000.

Elementos: Usa una media, un pañuelo (usado, pero no lavado) u otra «etiqueta» del amante indeseado (cabello del cepillo de tu amante, recortes de su barba o sus uñas).

Instrucciones: Quema la «etiqueta» diciendo:

> **¡Fuera de mi vida**
> **persona indeseada, sal!**
> **Te lo ordeno, ¡vete!**
> **Antes de mañana al mediodía.**
> **¡Mientras este (nombre del objeto) arde,**
> **te irás, y nunca volverás!**

Para que esto funcione es necesario un gran ímpetu emocional. En mi experiencia, incluso con intensa ira, angustia, miedo u otras emociones, el conjuro necesita un mínimo de cuarenta y ocho horas para hacer efecto, aunque el canto diga «mañana al mediodía». Sin embargo, cuando funciona, es permanente. Nunca oirás ni verás a esta persona de nuevo. No causa daño físico a la persona.

Nota: El practicante debe tener en cuenta que al desterrar permanentemente de su presencia a esta persona, tal vez deberá enfrentar otras consecuencias tales como manejar él mismo sus cuentas, deudas, etc., pues la víctima del hechizo desaparecerá de su vida y no podrá ser contactada. Estate preparado.

Hechizo curativo y para el amor sin éxito

Si tú has hecho un hechizo de amor sin éxito, tal vez deberás curar cualquier residuo de problemas amorosos que exista de tu última relación, o tal vez puede ser necesario despejar obstáculos autoimpuestos que podrían estar saboteando los mejores hechizos de tu vida. Para asegurarte de que el amor fluya hacia ti sin restricción, podrías desarrollar este hechizo antes de hacer otro trabajo para atraer el amor.

Elementos: Incienso curativo del amor (o cualquier mezcla curativa); 1 pedazo de papel limpio; 1 pluma; 1 vela azul (para curación); caldero de hierro u otro contenedor térmico (una olla metálica de cocina o un gran tazón con agua). El mejor tiempo para desarrollar este hechizo es durante la luna llena.

Instrucciones: Prende el incienso. Concéntrate en el trabajo mágico. Dibuja un corazón sobre el pedazo de papel, con flechas apuntando a cada una de las cuatro direcciones. Escribe tu nombre en el centro del corazón. Carga el papel y la vela con el propósito de eliminar obstáculos que interfieren con el amor, y la curación de los problemas sentimentales que puedan existir. Pide al Dios y la Diosa que eliminen los obstáculos y atraigan curación donde se necesite. Asegúrate de que tus palabras sean positivas, y recuerda dar gracias al Señor y la Señora por su ayuda. Quema el papel en la llama de la vela, poniéndolo en el

caldero o contenedor térmico. Visualiza tu propósito fluyendo hacia el universo, y luego regresando para manifestarse. Deja que la vela se consuma completamente.

Nota: Hécate sería una buena elección para el trabajo de eliminación de obstáculos.

Romper un hechizo que ha terminado en matrimonio (u otra relación contractual)

Si aún tienes los objetos que usaste para hacer el hechizo original, apártalos y bríndalos a la tierra, pide que haya paz, descanso y tranquilidad. Si no los tienes, entonces puedes ensayar algunos de los siguientes remedios populares:

• Coloca una mezcla pulverizada de raíz de verbena, lavanda, luisa, damiana y baya de palmito en una bolsa para encantos dentro de la almohada de la pareja. Prende una vela negra para desviar negatividad, y pide que la persona se fije en alguien que se ajuste mejor a su personalidad, y que todo el mundo sepa de este cambio de afecto. Este procedimiento es especialmente potente si tú has firmado un «convenio matrimonial» contractual que algunos estados de la Unión Americana están ahora ofreciendo.

- Escribe tu nombre y el de tu pareja en una etiqueta adhesiva. Córtala de tal forma que los nombres estén separados uno del otro. Pega los dos pedazos de la etiqueta en forma opuesta en el interior de un viejo vaso. Llena este último con papel de seda negro. Vierte el agua sobre la parte superior. Congela el vaso, pidiendo que las dos personas sean separadas de forma amigable y segura.

- Corta un limón en tres cuartas partes, sin separar las partes por completo. En un pequeño pedazo de papel, escribe el nombre de la persona que deseas que se aleje de ti. Dobla el papel nueve veces. Ponlo en la abertura del limón. Rocía una mezcla de las siguientes hierbas sobre el papel: chile cayena, hierba de los cinco dedos y cilantro (para que el hechizo actúe más rápido). Carga nueve alfileres. Cierra la raja del limón con ellos. Entierra el limón fuera de tu propiedad.

- En una lata de conservas, mezcla partes iguales de leche, vinagre y residuos de café. En un pedazo de papel, escribe el nombre de la persona que deseas fuera de la relación. Tapa el recipiente. Agita veintiuna veces, pensando que la persona está siendo «liberada» de tu vida en forma segura. Repite esto todos los días hasta que la persona se marche. Entierra la lata intacta fuera de tu propiedad.

- Si la situación se pone particularmente molesta, entonces puedes añadir lo siguiente a cualquier hechizo de rompimiento: «No habrá paz, ni descanso, ni sueño, hasta que me dejes».

- En una botella pequeña, añade 21 alfileres, 21 agujas y los nombres de las dos personas involucradas escritos en un pedazo de papel y perforados por una aguja. Añade una cucharada de vinagre. Cierra herméticamente. Tira el recipiente a un fuego, visualizando cómo se rompe la relación cuando la pequeña botella explote.

Precaución: La botella explotará y los vidrios se esparcirán por todas partes. Este hechizo NO se debe hacer dentro de una casa, y debes tener mucho cuidado para que no te vayas a cortar con los vidrios.

Hechizo del retrete

Empieza este hechizo un sábado. En emergencias otro día servirá, pero requerirá tu mejor esfuerzo durante la hora de Saturno para empezar el procedimiento. Después de eso, es muy fácil.

Instrucciones: Escribe el nombre completo de tu amante indeseado sobre un pedazo de papel de baño, seguido por la palabra «¡VETE!» en letras mayúsculas, incluye los signos de exclamación. Tira el papel al agua de un inodoro limpio. Desarrolla la función natural por la cual has entrado al baño. Pon la tapa y tira de la cisterna. No mires hacia atrás. Este procedimiento debes realizarlo durante diez días consecutivos, cada vez que visites el baño, incluso durante la noche, durante diez días consecutivos. Lo anterior significa que debes tener tu pluma a mano en todo momento, y nunca debes usarla para escribir otra cosa, de lo contrario, el hechizo se romperá (sin mencionar los efectos que podría tener sobre el otro propósito de la escritura). Después de la medianoche del décimo día, tira la pluma, lo puedes hacer durante el día.

No uses el cubo de basura de tu casa o el de tu trabajo. Es mejor tirarlo en un contenedor de basura público lejos de tu casa o ambiente diario.

Como resultado de este hechizo, el amante indeseado se marchará repentinamente, o empezará a quejarse de que la relación ya no es satisfactoria, etc., y te dirá que lo mejor para los dos es tomar caminos separados. Esta persona se alejará por su propia cuenta.

Advertencia: Si el amante indeseado se marcha antes de finalizar el hechizo de diez días, o empieza a hacer comentarios de que la separación sería beneficiosa, NO detengas el hechizo. De otra manera podría marcharse y regresar, cambiar de parecer respecto a separarse, o podrían presentarse otras situaciones asociadas con la relación posteriormente. Es necesario que desarrolles el hechizo completo.

Ventajas: Este hechizo es más limpio que la botella de una hechicera. No hay que enterrar nada o hacer otro tipo de eliminación (aparte de tirar la pluma). Es también discreto y privado.

Tu corazón engañado

Las infidelidades ocurren porque de alguna manera las necesidades de la persona no están siendo cumplidas. Este antiguo hechizo servía para asegurar que la persona infiel pensara dos veces antes de engañar nuevamente a su pareja. Sin embargo, vamos a usarlo para desterrar sentimientos dolorosos que experimentamos en la vida diaria.

Elementos: 1 asador; carbón vegetal; 1 pieza de ropa interior usada por la persona que te ha engañado (e incluso sería mejor si pudieras conseguir también una del cómplice); 1 tarro de pimiento morrón; ¼ taza de pimienta negra; ⅛ cucharadita de ortiga; líquido combustible (ten cuidado); 1 fósforo largo para encender fuego al aire libre.

Instrucciones: Coloca el asador en un área segura a la sombra de la Luna. Pon el carbón en el asador. Pon del revés la ropa interior. Pon las hierbas, ingrediente por ingrediente, en la entrepierna de la pieza de la ropa interior. Empápala con líquido combustible (ten cuidado). Retírate del fuego y di:

> **Hécate, diosa de la noche,**
> **ven aquí y escucha mi enojo**
> **lleno(a) de rabia, odio y dolor**
> **me paro frente a ti medio loco(a)**
> **con hierbas y carbón para hacer juego con la noche,**
> **de mi vista retira esta ira,**

de mi cerebro libera mi quimera
y tráeme el amor de nuevo.

Prende el carbón y deja arder completamente.

Estas botas encantadas están hechas para caminar

Esto solamente funciona si el amante indeseado es un individuo malo, negativo o dañino. Después de que tu amante indeseado haya ido a dormir, pon una pizca de albahaca en los zapatos que usará al día siguiente. La albahaca repele la negatividad, el mal y el daño. Al contacto de la albahaca con el centro chakra del pie (la planta del pie), esta persona se sentirá incómoda permaneciendo en un sólo lugar, y el simbolismo de los zapatos o botas la estimulará para que busque suerte en otros lares.

¡Esas personas desesperadas!

No hay nada más molesto que enfrentar la intromisión de la suegra, la constante interferencia de la exesposa (o el exmarido), el hermano mandón, o el hijo adulto de tu pareja que te considera fuera de lugar en tu propia casa. Mi esposo y yo aprendimos hace mucho tiempo que el factor más importante en estas situaciones es mantener un frente unido. Eso significa que tú debes sentarte con tu cónyuge o compañero(a) y crear un plan de juego entre los dos. Concentraos en la mutua comunicación antes de empezar a tratar de resolver los problemas que circulan alrededor de tu hogar como tiburones hambrientos. Por el contrario, si tú has hablado con extraños sobre los problemas de dentro de tu hogar, deberás prepararte para enfrentar los chismes, y otras molestias. Por supuesto que podrás tener más de una o dos conversaciones con tu ser amado para aclarar vuestros sentimientos y poneros de acuerdo. Está bien. La conversación es buena y evita presunciones que únicamente conducen a empeorar las cosas. Una vez que os hayáis puesto de acuerdo en un curso de acción, podríais emplear uno de los siguientes hechizos. Ambos han funcionado bien en dichas circunstancias y requieren cualquier uso de energía activa que tú puedas observar durante cierto período de tiempo. Esto te recordará que algo se está haciendo al respecto.

Con fuego

Usa siete velas negras de los siete días habilitadas para alejar la negatividad, y siete velas azules para que tu amor siga siendo leal. Prende una vela negra y una azul cada semana hasta que la situación se resuelva. Si la persona está bien aferrada a tu vida, el hechizo llevará algo de tiempo para que funcione. Agrega hierbas de destierro a la vela negra, luego hierbas de amor y protección a la azul. Podrás darte cuenta de cómo están trabajando las velas por la cantidad de hollín acumulado sobre el vidrio. Aquí está la clave: primero, debes creer que las velas te hablarán y te darán la información que buscas.

Si el hollín aparece totalmente negro en el momento en que la vela se ha consumido completamente: Tu trabajo está luchando contra la negatividad. Hay mucha resistencia, que posiblemente proviene de una persona muy resuelta, pero tal vez de varios individuos hilados en la red del engaño. Piensa en algún rumor que haya aparecido de la noche a la mañana. Continúa.

Tres cuartos negro, un cuarto claro: Aún hay mucha oposición, probablemente por parte de unas cuantas personas. Sin embargo, tú estás haciendo avances. Continúa.

Mitad negro y mitad claro: Tu trabajo está volviendo la marea a tu favor. Continúa.

Un cuarto negro, el resto claro: Aunque la resistencia pueda parecer poderosa, ha perdido terreno. La mayoría de las personas involucradas se han movido a otras actividades. Continúa.

Ligeramente cubierto por hollín: Obstáculos menores y normales. Prende otra vela sólo para estar seguro.

Relativamente claro: Ha alcanzado tu objetivo.

Si el vidrio se rompe: Tu magia anotó un gran acierto y tu deseo se manifestará rápidamente.

Si el vidrio ha estado claro por varios días, y luego se empieza a oscurecer: Alguien ha lanzado un nuevo ataque (normalmente chismes). Trabaja de acuerdo a eso.

Nota: Si has añadido aceites o hierbas a la vela de siete días, ten en cuenta que el vidrio puede hacerse añicos durante el proceso, normalmente cuando la llama está cerca al fondo del vidrio. Toma precauciones y pon las velas en una olla o en el fregadero de la cocina, especialmente mientras no las observes. A mí me ha ocurrido que algunas de mis velas han explotado, esparciendo vidrios y llamas en la habitación.

Con agua

El precio de las fuentes decorativas oscila entre diez dólares (en tiendas de descuento) y los más costosos modelos que se venden en sitios especializados. Muchas farmacias también tienen fuentes con una selección de piedras lisas a un costo que oscila entre quince y treinta dólares. Las pequeñas piedras movibles pueden ser reemplazadas con piedras y gemas dotadas con poder, o puedes recolectar tus propias piedras de tu lugar mágico favorito para agregarlas a tu fuente.

Coloca el nombre del infractor bajo la fuente. Sigue las instrucciones y llena con agua. Dale poder al agua y la fuente para deshacerse o desviar la negatividad que llega hacia ti. También puedes colocar una copa cargada, con agua hasta la mitad, cerca de la puerta principal. Si la persona indeseada llega a tu puerta, o envía a alguien más a tu casa, el agua atraerá la negatividad hacia un espacio limitado (la copa). Tira el agua y reemplázala, o deséchala una vez por semana, inmediatamente después de que esta persona te haya visitado.

Ceremonia de limpieza del amor después de un divorcio

No hay nada más difícil de experimentar que un divorcio o la muerte de un ser querido. Esta ceremonia se puede usar en cualquiera de las ocasiones en las que destierres las energías negativas de la pena que hayas acumulado en tu ambiente personal. Para fijar el hechizo, coloca un objeto en alguna parte del mismo lugar para retener las nuevas energías amorosas a las que has llamado. También puedes usar este procedimiento para encantar una habitación específica de la casa (por ejemplo, tu dormitorio), o para desterrar la negatividad en una habitación usada frecuentemente por la familia. Algunos practicantes mágicos usan estatuas o cuadros colgantes para fijar un hechizo, pero tú puedes usar una baratija o cualquier otro artículo, tal como un estuche de un CD en este hechizo, para asegurar la energía amorosa en tu ambiente.

Elementos: Tu incienso de amor favorito; 1 campanilla de plata; una ilustración que signifique «amor» para ti y que quepa en el estuche de CD (puedes incluso hacer una copia de la portada de este libro si lo deseas, o usar cualquier portada de alguna novela de amor que te guste); 1 estuche de CD sin usar; 1 cuadrado pequeño de franela o fieltro rojo que quepa dentro del estuche (opcional); una selección de hierbas para el amor de tu elección (opcional); aceite o perfume de amor (opcional); 1 pluma blanca pequeña; 1 tambor u otro instrumento de percusión.

Instrucciones: Limpia la habitación física y mágicamente. Haz un círculo mágico. Carga todos los objetos que se usaran en el hechizo. Prende el incienso y pásalos todos a través del humo, diciendo:

> **El odio y el dolor yo dejo atrás**
> **el Espíritu limpia mi estado mental.**
> **Ira y pena se elevan con el polvo**
> **el amor reemplaza mi herrumbre mental.**
> *(Haz sonar la campanilla tres veces).*
> **Llamo la dulce energía del amor**
> **ala de marfil de la pacífica paloma**
> **la protección del bosque se plasma en esta habitación**
> **nuestros corazones apasionados con el ritmo florecen.**

Espiral sagrada

Haz sonar la campanilla cuatro veces, una vez en cada punto cardinal. Coloca la ilustración de amor dentro del estuche del CD, de tal forma que se pueda ver cuando el estuche esté cerrado. Dibuja la espiral sagrada, de afuera hacia el centro en el reverso del estuche (ya que el propósito es atraer el amor al entorno). Coloca el fieltro rojo dentro del estuche. Rocía con la mezcla herbal o un poco de aceite o perfume de amor (si así lo deseas). Pon la pluma blanca sobre la franela o el fieltro rojo. Coloca las manos sobre el estuche abierto y repite el conjuro anterior. Haz sonar la campanilla plateada tres veces para indicar una pausa en el hechizo. Cierra el estuche y mantén las manos sobre él, repitiendo el conjuro una tercera vez. Toca la campanilla una vez más para fijar el conjuro.

La última parte de este hechizo requiere que produzcas energía a través del uso del instrumento de percusión, para atraer a tu vida y a tu hogar la energía de amor universal. Toca el instrumento todo el tiempo que quieras (o hasta que te canses), concentrándote en atraer amor al hogar y conservarlo ahí. Cuando hayas terminado, toca la campanilla tres veces para indicar el final de la pequeña ceremonia de amor, y libera el círculo. Pon el estuche de CD lo más cerca posible del centro de la habitación, donde estés seguro de que nadie lo tocará. Si esto no es posible, no te preocupes. Simplemente busca un sitio donde consideres que el estuche estará seguro.

Ritual de liberación

Si aún estás ligado a una situación negativa de tu pasado (ya sea una relación sexual o una amistad deteriorada), tú podrías desarrollar un ritual de liberación antes de empezar a manifestar un nuevo amor. Mientras estamos en una relación, colocamos mutuos sellos de energía. Esto no es algo malo –es sólo una parte natural del proceso amoroso–. Igualmente, puedes usar este hechizo para liberarte de alguien en tu vida. Cuando una relación se acaba, a menudo olvidamos eliminar estas pequeñas etiquetas energéticas.

Elementos: 2 velas blancas; 1 cinta roja de 13 pulgadas (o negra para liberarse de alguien); 1 foto de ti y una de la persona que desearías dejar atrás (si ya ha tirado todas las fotos, el nombre servirá); si tiene angélica y lavanda, puede usar estas hierbas en el hechizo. Si no tiene estas hierbas, no te preocupes. También necesitarás unas tijeras.

Instrucciones: Ata un extremo de la cinta a una vela blanca. Ponle nombre a esa vela (ya sea el tuyo o el de la otra persona). Ata el otro extremo a la segunda vela. Dale un nombre a la vela. Coloca las dos velas juntas. Lentamente sepáralas hasta que la cinta esté tensa. Pon tu foto bajo la vela que nombraste para ti, y la foto de la otra persona bajo la segunda vela. Si tienes angélica y lavanda, rocía las hierbas alrededor de la base de ambas velas.

Toma un baño o ducha herbal para limpiar los pensamientos negativos que pudieras haber tenido mientras preparabas el área para este hechizo. Usa tu atomizador lleno con agua herbal de amor para limpiar el área inmediata. Si tienes experiencia en magia, puedes usar tu receta para agua sagrada.

Pon las manos sobre las dos velas y pide que el amor universal prevalezca en esta ceremonia. Mientras enciendes tu vela, di tu nombre en voz alta. Mientras prende la segunda vela, di en voz alta también el nombre de la otra persona. Con las palmas extendidas hacia la llama (no demasiado cerca), di lo siguiente:

Gran Diosa madre, busco el poder de tu sabiduría,
y he creado un espacio sagrado en tu nombre.
Permite que habite en tus amables y sagrados brazos.

Dame confianza, bendice mis tareas diarias,
y ayúdame a decir la verdad a mí mismo y los demás.
Vengo esta noche/este día a buscar el poder
del amor y el perdón. Permite que libere
emociones negativas y dolorosas.
Bendíceme con tu energía curativa.

Haz tres respiraciones profundas de limpieza. Puedes usar un sonajero para aumentar el poder. Siente a la gran Madre a tu alrededor. No te preocupes, ella no muerde y nada malo te sucederá. La Diosa es amor.

Coge las tijeras con ambas manos, y apunta a tu vela. Di tu nombre. Señala la segunda vela y pronuncia el nombre de la otra persona. Luego di:

Gran Diosa madre, cuando corte esta cinta,
todos los lazos emocionales,
espirituales y astrales serán rotos
entre *(di el nombre de la persona)* y yo.
Corto los lazos enamorado,
en paz y curado de todo mal.
Que así sea.

Corta la cinta.

Deja que las velas se consuman completamente. Entierra tu vela en tu propiedad y deshazte de la otra lejos de ahí. Guarda tu foto; quema la otra y frota las cenizas al viento (y las hierbas o polvos que hayas usado), fuera de tu propiedad.

Nota: Tal vez llorarás durante este ritual. No hay problema, necesitas liberarte de esas emociones y finalmente desterrar la tristeza. Si es necesario, ten pañuelos desechables a mano.

Epílogo

Pero cuando pienso en ti, querida amiga,
todas las pérdidas son restauradas y el dolor desaparece.

SHAKESPEARE

¡Ah! Veo que el Sol se está ocultando, y que la ardiente hora de neblina púrpura y la oscilante luz de vela están sobre nosotros. Mi vaso de té helado está vacío y no hay necesidad de que mi ventilador gire cerca del aire perfumado o suavemente levante de mi frente los oscuros rizos de mi cabello. Estoy bastante cómoda con el suave abrazo de este atardecer veraniego. Me inclino hacia atrás, descansando un momento mi cabeza, escuchando la llegada de la noche.

«He aquí –digo yo– un completo compendio de magia popular reunido todo en el nombre de ese esquivo, apasionante e intoxicante deseo que llamamos amor». Mi mano se extiende elegantemente, (hey, esto es una visión, nada más) como si realmente hubiera alcanzado todos los secretos que existen para comprender el amor y ofrecerlo en este pequeño libro (por supuesto, eso no es posible, ya que el amor ha confundido a personas mucho más sabias que yo, y las respuestas de la vida no pueden ser encontradas en un solo libro sobre un tema determinado).

«Tú también aprendiste (eso espero) que el amor no es una bagatela, y se requiere valor, perseverancia y sabiduría para hacer que una relación funcione. ¿Y si no funciona? Es necesario valor, perseverancia y sabiduría para alejarse, con la idea de que el amor, efectivamente, algún día vendrá de nuevo».

«Toma tus esperanzas, sus sueños y tu magia, y hazlo lo mejor que puedas». Lo digo yo. Después de todo, eso es todo lo que podemos considerar nuestro. Cuando fallecemos no nos llevamos nada, excepto nuestros recuerdos y actos. Por eso me dirijo a ti y pongo mi mano sobre tu hombro, compartiendo un guiño malicioso. «Ahora debo dejarte que actúes por ti solo; trata de no meterte en demasiados problemas… ¿hummm?».

Bendiciones para ti,

Silver RavenWolf

Apéndices

Usa los apéndices para hacer sustituciones o para crear tus propios hechizos. Recuerda, los hechizos son como recetas, y está permitido agregar un ingrediente especial para darle tu sello personal. Los practicantes de magia tienen un día, signo astrológico o hierba que sintoniza el trabajo del hechizo con su energía personal. ¡Tú también puedes ensayar esta técnica!

Apéndice 1: Tablas herbales

Correspondencias herbales para amor y amistad en general

Albahaca	Lavanda
Clavo	Lila
Flor de manzano	Lirio de Florencia
Gardenia	Narciso
Guisante de olor	Rosa
Jazmín	

Correspondencias herbales para atraer a los hombres

Almizcle	Jazmín
Ámbar gris	Jengibre
Calabaza común	Lavanda
Canela	Neroli
Clavo	Tonca
Gardenia	

Correspondencias herbales para atraer a las mujeres

Almizcle	Pepino
Civeto	Vainilla
Laurel	Vetiver
Pachulí	Violeta

Apéndice 2:
Días de la semana mágicos para el amor

Día	Significado
Domingo	Éxito
Lunes	Amor y edificación familiar
Martes	Pasión, lujuria, confianza en sí mismo
Miércoles	Comunicación con los demás
Jueves	Expansión del amor
Viernes	Día de amor multiusos
Sábado	Destierro de la negatividad o crear estabilidad

Apéndice 3:
Colores para los días de la semana

Día	Significado
Domingo	Dorado o amarillo
Lunes	Plateado o blanco
Martes	Rojo o naranja
Miércoles	Morado o lavanda
Jueves	Verde
Viernes	Azul o rosa
Sábado	Negro o café

Apéndice 4: Símbolos astrológicos para el amor

Úsalos para grabar en velas o dibujar en papel.

Signo zodiacal	Glifo, Signo, Característica	Significado
Aries	♈, Fuego, Comienzo	Para traer valor y aumentar la autoestima
Tauro	♉, Tierra, Fijo	Para embellecer tu casa o apartamento
Géminis	♊, Aire, Mutable	Para crear cambio comunicativo
Cáncer	♋, Agua, Comienzo	Para trabajar en tus emociones
Leo	♌, Fuego, Fijo	Para que des los pasos correctos
Virgo	♍, Tierra, Mutable	Para plantar sabiamente
Libra	♎, Aire, Comienzo	Para atraer belleza personal y talento
Escorpio	♏, Agua, Fijo	Para intensificar y traer pasión
Sagitario	♐, Fuego, Mutable	Para atraer amor espiritual y humor
Capricornio	♑, Tierra, Comienzo	Para atraer estabilidad y cautela
Acuario	♒, Aire, Fijo	Para crear actividades humanitarias
Piscis	♓, Agua, Mutable	Para hacer una conexión y visión psíquica

Apéndice 5: Horas planetarias[1]

La selección de un tiempo auspicioso para empezar un trabajo mágico es un asunto importante. Cuando algo se empieza, su existencia adopta la naturaleza de las condiciones bajo las cuales fue iniciado.

Cada hora del día se rige por un planeta, y toma los atributos de ese planeta. Tú te darás cuenta de que las horas planetarias no toman en cuenta a Urano, Neptuno y Plutón, ya que aquí son considerados octavas superiores de Mercurio, Venus y Marte respectivamente. Por ejemplo, si algo es regido por Urano, puedes usar la hora de Mercurio.

El otro único factor que necesitas para usar las horas planetarias es el tiempo local de salida y puesta del Sol en un día específico, disponible en el periódico de la ciudad. Nota: el tiempo de salida y puesta del Sol pueden variar si tú vives en un lugar diferente al del ejemplo. La latitud y longitud ya aparecen calculadas en los tiempos de salida y puesta del Sol de tu periódico local.

Primer paso. Encuentra en el periódico local los tiempos de salida y puesta del Sol para tu localización en el día escogido. Como ejemplo usaremos el 2 de enero de 1999, y 10 grados de latitud. La salida del Sol en estos parámetros es 6 horas y 16 minutos (o 6:16 a. m.), y la puesta del Sol es a las 17 horas y 49 minutos (o 5:49 p. m.).

---

[1]. La información sobre horas planetarias es condensada de *Llewellyn's 2000 Daily Planetary Guide*, págs. 184-185.

Segundo paso. Resta el tiempo de salida del Sol (6 horas 16 minutos) del tiempo de puesta del Sol (17 horas 49 minutos) para obtener el número de horas astrológicas de luz diurna. Es más fácil hacer esto si conviertes las horas en minutos. Por ejemplo, 6 horas y 16 minutos equivalen a 376 minutos. 17 horas y 49 minutos equivalen a 1.069 minutos. Ahora resta: 1.069 – 376 = 693 minutos.

Tercer paso. Determina cuántos minutos hay en una hora planetaria de luz diurna para ese día en particular. Para hacer esto, divide 693 (el número de minutos de luz diurna) entre 12. La respuesta es 58 (después de redondear los números). Por consiguiente, una hora planetaria de luz diurna para enero 2 de 1999, a 10 grados de latitud, tiene 58 minutos.

Cuarto paso. Ahora sabes que cada hora planetaria es aproximadamente 58 minutos. También que la salida del Sol es a las 6:16 a. m. Para determinar los tiempos en que empieza cada hora planetaria, simplemente suma 58 minutos al tiempo de salida del Sol para la primera hora planetaria, sume 58 minutos a ese número para la segunda hora planetaria, y así sucesivamente. Por consiguiente, la primera hora en nuestro ejemplo es 6:16 a. m.-7:14 a. m. La segunda hora es 7:14 a. m.-8:12 a. m.; etc. Observa que, debido a que el número de minutos en una hora de salida del Sol ha sido redondeado, la última hora no termina exactamente en la puesta del Sol. Ésta es una buena razón para que te des un poco de tiempo extra cuando usa horas planetarias (también podrías olvidarte de redondear las cifras).

Quinto paso. Para determinar qué signo rige una hora planetaria de luz diurna, ubica en un calendario el 2 de enero. En el año de 1999, esta fecha cae en sábado. Ahora ve a la página 224 para hallar la carta de hora planetaria para salida del Sol. Si sigues la columna del sábado, verás que la primera hora está regida por Saturno, la segunda por Júpiter, la tercera por Marte, y así sucesivamente.

Sexto paso. Al determinar las horas planetarias diurnas, podrás usar la misma fórmula para determinar las horas planetarias nocturnas, usando la puesta del Sol como tu hora de partida y la salida del Sol del siguiente día como tu hora final. Cuando llegues al quinto paso, recuerda consultar la tabla de puesta del Sol en la página 225.

Horas planetarias salida del Sol

Hora	Domingo	Lunes	Martes	Miércoles	Jueves	Viernes	Sábado
1	Sol	Luna	Marte	Mercurio	Júpiter	Venus	Saturno
2	Venus	Saturno	Sol	Luna	Marte	Mercurio	Júpiter
3	Mercurio	Júpiter	Venus	Saturno	Sol	Luna	Marte
4	Luna	Marte	Mercurio	Júpiter	Venus	Saturno	Sol
5	Saturno	Sol	Luna	Marte	Mercurio	Júpiter	Venus
6	Júpiter	Venus	Saturno	Sol	Luna	Marte	Mercurio
7	Marte	Mercurio	Júpiter	Venus	Saturno	Sol	Luna
8	Sol	Luna	Marte	Mercurio	Júpiter	Venus	Saturno
9	Venus	Saturno	Sol	Luna	Marte	Mercurio	Júpiter
10	Mercurio	Júpiter	Venus	Saturno	Sol	Luna	Marte
11	Luna	Marte	Mercurio	Júpiter	Venus	Saturno	Sol
12	Saturno	Sol	Luna	Marte	Mercurio	Júpiter	Venus

Horas planetarias puesta del Sol

Hora	Domingo	Lunes	Martes	Miércoles	Jueves	Viernes	Sábado
1	Júpiter	Venus	Saturno	Sol	Luna	Marte	Mercurio
2	Marte	Mercurio	Júpiter	Venus	Saturno	Sol	Luna
3	Sol	Luna	Marte	Mercurio	Júpiter	Venus	Saturno
4	Venus	Saturno	Sol	Luna	Marte	Mercurio	Júpiter
5	Mercurio	Júpiter	Venus	Saturno	Sol	Luna	Marte
6	Luna	Marte	Mercurio	Júpiter	Venus	Saturno	Sol
7	Saturno	Sol	Luna	Marte	Mercurio	Júpiter	Venus
8	Júpiter	Venus	Saturno	Sol	Luna	Marte	Mercurio
9	Marte	Mercurio	Júpiter	Venus	Saturno	Sol	Luna
10	Sol	Luna	Marte	Mercurio	Júpiter	Venus	Saturno
11	Venus	Saturno	Sol	Luna	Marte	Mercurio	Júpiter
12	Mercurio	Júpiter	Venus	Saturno	Sol	Luna	Marte

Apéndice 6: Fases de la Luna

Luna nueva

- La Luna está 0-45 grados directamente delante del Sol.
- La Luna se oculta al amanecer, sale en la puesta del Sol; para uso pleno de estas energías, emplea este período de tiempo.
- La Luna está a 3 ½ días exactamente después de la luna nueva.
- Propósito: Comienzos.
- Funciones: Belleza, salud, automejoramiento, granjas y jardines, búsqueda de empleo, amor y romance, empresas creativas.
- Día festivo pagano: Solsticio de invierno (22 de diciembre)[2].
- Nombre de la Diosa: Luna de Rosemerta.
- Energía de la Diosa: Diosas de crecimiento.
- Ofrenda: Leche y miel.
- Tema: Abundancia.
- Runas: Feoh para abundancia; Cen para aperturas; Gyfu para amor.
- Carta del tarot: El Loco.

---

2. Debido a la regulación del tiempo astrológico, los solsticios y equinoccios no siempre serán en la misma fecha. Otras festividades paganas difieren según de la tradición que tú practiques.

Creciente

- La Luna está 45-90 grados delante del Sol.
- La Luna sale a media mañana, se oculta después de la puesta del Sol; para uso pleno de estas energías, emplea este período de tiempo.
- La Luna está de 3 ½ a 7 días después de la luna nueva.
- Propósito: El movimiento de las cosas.
- Funciones: Animales, negocios, cambio, emociones, fuerza matriarcal.
- Día festivo pagano: Imbolc (1 de febrero).
- Nombre de Diosa: Luna de Brigid.
- Energía divina: Diosas del agua.
- Ofrenda: Velas.
- Tema: Manifestación.
- Runas: Birca para comienzos; Ing para enfoque.
- Carta del tarot: El Mago.

Primer cuarto

- La Luna está 90-135 grados delante del Sol.
- La Luna sale a mediodía, se oculta a media noche; para uso pleno de estas energías, emplea este período de tiempo.
- La Luna está de 7 a 10 ½ días después de la luna nueva.
- Propósito: La forma de las cosas.
- Funciones: Valor, magia elemental, amigos, suerte y motivación.

- Día festivo pagano: Equinoccio de primavera (21 de marzo).
- Nombre de Diosa: Luna de Perséfone.
- Energía de la Diosa: Diosas del aire.
- Ofrenda: Plumas.
- Tema: Suerte.
- Runas: Algiz para la suerte; Jera para mejoramiento; Ur para fortaleza.
- Carta del tarot: La Fuerza o la Estrella.

Gibosa

- La Luna está 135-180 grados delante del Sol.
- La Luna sale a media noche, se oculta alrededor de las 3 a. m.; para uso pleno de estas energías, emplea este período de tiempo.
- La Luna está entre 10 ½ y 14 días después de la luna nueva.
- Propósito: Detalles.
- Funciones: Valor, paciencia, paz, armonía.
- Día festivo pagano: Beltaine (1 de mayo).
- Nombre de Diosa: Luna de Nuit.
- Energía de la Diosa: Diosas de las estrellas.
- Ofrenda: Cintas.
- Tema: Perfección.
- Runas: Asa para elocuencia; Wyn para éxito; Dag para entendimiento.
- Carta del tarot: El Mundo.

Luna llena

- La Luna está 180-225 grados delante del Sol.
- La Luna sale en la puesta del Sol, se oculta al amanecer; para uso pleno de estas energías, emplea este período de tiempo.
- La Luna está de 14 a 17 ½ días después de la luna nueva.
- Propósito: Terminación de un proyecto.
- Funciones: Actividades artísticas, belleza, salud, cambio, decisiones, niños, competencia, sueños, familias, salud, conocimiento, asuntos legales, amor, romance, dinero, motivación, protección, poder psíquico, automejoramiento.
- Día festivo pagano: Solsticio de verano (21 de junio).
- Nombre de Diosa: Luna de Sekhmet.
- Energía de la Diosa: Diosas del fuego.
- Ofrenda: Flores.
- Tema: Poder.
- Runa: Sol.
- Carta del tarot: El Sol.

Diseminando

- La Luna está 225-270 grados delante del Sol.
- La Luna sale alrededor de las 9 p. m., se oculta a media mañana; para uso pleno de estas energías, emplea este período de tiempo.

- La Luna está de 3 ½ a 7 días después de la luna llena.
- Propósito: Destrucción inicial.
- Funciones: Adicciones, decisiones, divorcios, emociones, estrés, preocupaciones, protección.
- Día festivo pagano: Lammas (1 de agosto).
- Nombre de Diosa: Luna de Hécate.
- Energía de la Diosa: Diosas de la tierra.
- Ofrenda: Granos de arroz.
- Tema: Revaloración.
- Runas: Thorn para destrucción; Algiz para protección; Thorn para defensa.
- Carta del tarot: La Torre para destrucción; Esperanza para protección.

Último cuarto

- La Luna está 270-315 grados delante del Sol.
- La Luna sale a medianoche y se oculta a mediodía; para uso pleno de estas energías, emplea este período de tiempo.
- La Luna está de 7 a 10 ½ días después de la luna llena
- Propósito: Destrucción absoluta.
- Funciones: Adicciones, divorcio, terminaciones, salud y curación (destierro), estrés, protección, antepasados.
- Día festivo pagano: Equinoccio de otoño (21 de septiembre).
- Nombre de Diosa: La Luna de Morrigan.
- Energía de la Diosa: Diosas de las cosechas.

- Ofrenda: Incienso.
- Tema: Destierro.
- Runas: Hagal; Ken para desterrar; Nyd para cambiar; Isa para retener.
- Carta del tarot: El Juicio.

Balsámica (Luna oscura)

- La Luna está 315-360 grados delante del Sol.
- La Luna sale a las 3 a. m., se oculta a media tarde; para uso pleno de estas energías, emplea este período de tiempo.
- La Luna está de 10 ½ a 14 días después de la luna llena.
- Propósito: Descanso.
- Funciones: Adicciones, cambio, divorcio, enemigos, justicia, obstáculos, riñas, separación, para detener a los que acechan y el robo.
- Día festivo pagano: Samhain (31 de octubre).
- Nombre de Diosa: Luna de Kali.
- Energía divina: Diosas de la oscuridad.
- Ofrenda: Honradez.
- Tema: Justicia.
- Runas: Tyr para justicia; Ken para destierro.
- Carta del tarot: La Justicia.

Bibliografía

Beyerl, P. *A Compendium of Herbal Magick.* Custer, Washington: Phoenix Publishing, Inc., 1998.

Bell, J. W. *The Grimoire of Lady Sheba–The Magick Workbook of America's Witch Queen.* Minneapolis, Minesota: Llewellyn Worldwide, 1972.

Carr-Gomm, P. y S. *The Druid Animal Oracle Working with the Sacred Animáis ofthe Druid Tradition.* Nueva York: Fireside, Simón & Schuster, Inc., Eddison Sadd Edition, 1994.

Charles, C. L. *Why Is Everyone So Cranky?* Nueva York: Hyperion, 1999.

Cunningham, S. *Cunningham's Encyclopedia of Magical Herbs.* St. Paul, Minesota: Llewellyn, 1992.

Devereux, Charla. *The Aroma-Therapy Kit.* King's Cross Road, Londres: Eddison Sadd, 1993.

Dixon-Kennedy, Mike. *Celtio Myth & Legend, An A–Z of People and Places.* Londres: Blandford Publishing, 1996.

Ferguson, Bill. *How To Heal a Painful Relationship, and if Necessary How to Part as Friends.* Houston, Texas: Return to the Heart, 1999.

Ferrini, P. *Love Without Conditions.* South Deerfield, Massachusetts: Heartways Press, 1994.

Fischer-Rizzi, S. *Medicine of the Earth–Legends, Recipes, Remedies, and Cultivation of Healing Plañts*. Pordand, Oregón: Rudra Press, 1996.

Gray, J. *Men are from Mars, Women are from Venus*. Nueva York: Harper Collins Publishers, 1992.

Herrera, J. E. *Hexology: The Art and Meaning of the Pensilvania Dutch Hex Signs*. Gettysburg, Pensilvania: The Triangle Printing Company, 1964.

Hutton, R. *The Rise and Fall of Merry England–The Ritual Year 1400-1700*. Oxford, Nueva york: Oxford University Press, 1996.

—. *The Stations of the Sun*. Oxford, Nueva York Oxford University Press, 1996.

Jones, A. *Larousse Dictionary of World Folklore*. Edinburgo: Larousse, 1995.

Leach, M. (ed.) *Funk & Wagnall's Standard Dictionary of Folklore, Mythology, and Legend*. San Francisco: Harper SanFrancisco, 1972.

Martin, L. *Garden Flower Folklore*. Chester, Conneticut: The Globe Pequot Press, 1987.

Mauer, W. *Hex Signs and Their Meanings*. Gettysburg, Pensilvania: Garden Spots Gifts, 1996.

Mercatante, A. S. *Facts on File Encyclopedia of World Mythology and Legend*. Nueva York: Oxford, 1988.

Moran, V.: *Creatinga Charmed Life*. Nueva York: Harper Collins PublisherMoss, 1999.

Richard, M. D. *The Second Miracle–Intimacy, Spirituality, and Conscious Relationships*. Berkeley, California: Celestial Arts Publications, 1995.

Rankin, H. J. *10 Steps to a Great Relationship*. Hilton Head Island, Carolina del Sur: StepWise, 1998.

Reppert, B. *Herbs and Pensilvania Germans, Recipes, Customs, Gardens, Lore Scrapbook #5.* Lancaster, Pensilvania: np. Enero, 1990.

Smith, E. L. *Pensilvania Dutch Folklore.* Lebanon, Pensilvania: Applied Arts Publishers, 1962.

Townsend, J. *What Women Want–What Men Want.* Oxford, Nueva York: Oxford University Press, 1998.

Walker, Barbara. *The Woman's Dictionary of Symbols and Sacred Objects.* San Francisco: Harper Collins, 1988.

—. *The Womaris Encyclopedia of Myths and Secrets.* San Francisco: Harper SanFrancisco, 1983.

Acerca de la autora

«La mejor forma para que seas un practicante de magia aceptado es dejar que la gente te conozca –explica Silver–. Cuando entienden tus valores y principios personales, la actitud que tienen frente a tus intereses alternativos religiosos tiende a ser más positiva. Deja que la gente te conozca a través de tu trabajo». Silver RavenWolf es una auténtica virgo que adora hacer listas y poner las cosas en orden.

Silver viaja mucho por Estados Unidos, dando seminarios y dictando conferencias acerca de religiones y prácticas mágicas. Ha sido entrevistada por el *New York Times* y el *U. S. News and World Report*. Se estima que ha conocido personalmente a más de 25.000 practicantes de magia en los últimos cinco años.

Silver es la cabeza del clan de la familia Black Forest, que incluye 21 congregaciones en dieciocho estados. Visita tu website en: www. silverravenwolf.com

Índice analítico

Índice general

¿Estás cansado de vivir sin llegar a final de mes? ¿Desearías que te alcanzara el dinero para comprar la casa de tus sueños? ¿Buscas mejorar la suerte en tus inversiones? ¡No hay nada mejor que un poco de magia para atraer mayor prosperidad a tu vida!

- Prepara inciensos, aceites y polvos para la prosperidad.
- Manifiesta tus deseos a través del *Cordón de Oro*...
- Atrae el bienestar a tu hogar con el *Lavado de Suelos para la Prosperidad*...
- Haz desaparecer tus deudas construyendo una *Caja Mágica para las cuentas*...
- Invoca los *Cuatro elementos* para obtener ayuda financiera.

Este libro está dedicado a todas aquellas personas preocupadas por su economía y que suelen utilizar frases como «yo no puedo darme ese gusto».

Aprende docenas de hechizos que te traerán la libertad económica que estás buscando.

Con *Hechizos para la protección*, lograrás reunir el poder para reactivar tu energía, restaurar la confianza en ti mismo y lograr un mayor sentido de tu propia valía. A través de útiles consejos, desarrollarás un plan de acción espiritual que te convertirá en un verdadero triunfador.

- Aprende el alcance de una aplicación mágica, la sincronización, la aplicación de las energías y cómo llevar a cabo un plan espiritual.
- Descubre la magia de prevención personal, cómo repeler el desastre y los baños de protección.
- Lleva a cabo los hechizos del Pañuelo y el amuleto de la Cuerda, el hechizo de la Cinta Negra y los hechizos para eliminar los chismes, la miseria y acabar con las pesadillas.

Aquí se incluyen las claves para la seguridad así como las correspondencias herbales, astrológicas y de los colores para fortalecer la magia. Protégete a ti mismo y a tu familia, y ¡vive una vida llena de plenitud!